beck | sche
reihe

b sr

Männer sterben im Durchschnitt deutlich früher als Frauen. Verhielte es sich umgekehrt, würde dieser Sachverhalt nicht so stoisch hingenommen werden. Eine geringere Lebenserwartung von Frauen wäre ein unwiderlegbarer Beweis für ihre Benachteiligung in unserer Gesellschaft. Warum wird dies bei Männern anders gesehen?
Im antiken Rom genossen Darstellungen des Gottes Priapus hohes Ansehen. Das waren zumeist kleine Figuren, lediglich mit einem Hemd bekleidet, unter dem ein erigierter Penis hervorragte. In unserer aufgeklärten Gegenwart gibt es keinen vergleichbaren alltäglichen und offenen Umgang mit der Darstellung eines erigierten Penis. Zufall? Oder symptomatisch dafür, wie unsere Gesellschaft Männlichkeit und männliches Selbstbewusstsein bewertet?
Der Männerforscher Matthias Stiehler setzt sich mit den verschiedenen, häufig widersprüchlichen Erwartungen auseinander, die heute an einen Mann gestellt werden. So wird männliche Potenz weiterhin erwartet, zugleich aber soll sie domestiziert, rücksichtsvoll und sanft sein. Er macht Vorschläge, wie Männer zu einem *positiven Selbstverständnis* ihrer Geschlechtsidentität finden können und wie auf diese Weise das Miteinander von Frauen und Männern gefördert wird. Und er fordert Männer auf, dafür Verantwortung zu übernehmen.

Dr. *Matthias Stiehler*, geb. 1961, ist psychologischer Berater im Gesundheitsamt Dresden und Vorsitzender des Dresdner Instituts für Erwachsenenbildung und Gesundheitswissenschaft. Er ist Mitgründer des bundesweiten Netzwerks Männergesundheit, Vorstandsmitglied der Deutschen Gesellschaft für Mann und Gesundheit und Initiator eines «Männergesundheitsberichts für Deutschland».

Inhalt

Vorwort von Hans-Joachim Maaz   7

1. Tabuisierte Männlichkeit   13
Es fehlt ein positives männliches Selbstverständnis   13
Früher Tod – ohne Konsequenzen   16
Männerentwertung als gesellschaftlicher Mainstream   23
Falsche Vorstellungen von männlicher Stärke
und Schwäche   24
Männer sollen sich nicht ändern   32
Veränderung muss von den Männern selbst ausgehen   37
Das Problem ist die Abhängigkeit von Frauen   39
Biologisches Mannsein und gesellschaftliche
Konstruktion   41
Ziel ist selbstbestimmtes Mannsein   48

2. Männer in Beziehung   53
Eine selbstverständliche Sicht auf Männer   54
Wenn Männer Veränderung wollen   58
Wann Männer unzufrieden werden   62
Andere sollen das Lebensglück bringen?   64
Miteinander durch Eigenständigkeit   67
Erwachsene Liebe   75
Eigenständige Männlichkeit   78
Offensiv Position beziehen   85
Männer, nehmt euch ernst!   90

Inhalt

3. Die frühe Not des starken Geschlechts	97
Vertikale Differenzierung	97
Wie Kindheitserfahrungen das erwachsene Leben beeinflussen	104
Die zentrale Stellung der Mütter	110
Die dunklen Seiten der Mütterlichkeit	112
Väterlichkeitsstörungen	122
Partnerschaftliche Elternschaft	130
Geschlechtsspezifische Sozialisation	139
Frühe Not in der Gesellschaft	147
4. Den Mann in seiner Mitte finden	151
Männliche Identität aus sich heraus entwickeln	151
Mit Zufriedensein zufrieden sein?	155
Der Weg ins Alleinsein	161
Notwendige Bevaterung	164
Raum für Gefühle	170
Mannsein im Alltag	174
Vaterkraft	183
Soziale Anforderungen bedingen biologische Unterschiede	191
Männliche Körperlichkeit	193
Selbstbewusste Männlichkeit	200
5. Mann selbst	203
Position beziehen ohne Streit	203
Öffentlich Position beziehen	208
Knockin' On Heaven's Door	213
Dank	217
Anmerkungen	219

Vorwort von Hans-Joachim Maaz

Der kritische Blick auf das die Gesellschaften jahrhundertelang dominierende Patriarchat hat, verstärkt durch männerfeindliche feministische Positionen, das Bild und den Wert tradierter «Männlichkeit» zu Recht in Verruf gebracht. Allerdings wird noch kaum die Frage gestellt, wie sich die gefeierten oder kritisierten Männer wirklich fühlen. Sind der Machtpolitiker, der sich «in den Dienst» stellt, der erfolgreiche Manager, der Boni in Millionenhöhe einstreicht, der siegreiche Sportler, der zum Ruhm seiner Nation kämpft, oder gar der Held, der sein Leben dem Vaterland opfert, glückliche Menschen (gewesen)? Und sind der autoritäre Chef, der seine Untergebenen unterdrückt und ausbeutet, der brutale Kämpfer, der sich mit Gewalt behauptet, der gewissenlose Karrierist, der für seinen «Aufstieg» über Leichen geht, der großspurige Narziss, der alle anderen abwertet, und der Macho, der seine Partnerin herabwürdigt und quält, lediglich «typische» Männer mit den bekannten geschlechtsspezifischen negativen Eigenschaften?

Hochdekoriert oder destruktiv – für mich sind das nur zwei Seiten des gleichen Problems psychosozial begründeter Fehlentwicklungen, die zu gesellschaftlichen Rollen geronnen sind. Verehrung und Idealisierung auf der einen sowie Verachtung und Abwertung auf der anderen Seite sind nur oberflächliche Reaktionen mit dem Ziel, tiefergehende Erkenntnis zu vermeiden. Das Leiden, das hinter dem Erfolg verborgen bleibt, und die Angst und Unsicherheit, die von Kampfeseifer überspielt werden – zu diesen Befindlichkeiten dringt selten jemand vor.

Vorwort von Hans-Joachim Maaz

Stattdessen nimmt man einfach hin, dass Männer im Durchschnitt früher sterben als Frauen – ein statistischer Befund, den Matthias Stiehler überzeugend zu nutzen versteht, um seine Erfahrungen und Thesen zur Realität männlichen Lebens zu vermitteln.

Als Psychotherapeut suche ich nach einer Deutung für die unterschiedliche Sterblichkeitsrate der Geschlechter und wage im Kontext der Stiehler'schen Erfahrungen die psychodynamische Hypothese, dass Männer die Folgen ihres falschen Lebens – der aufgeblasenen Stärke, des Heldentums, egal ob honoriert oder diskriminiert – mit ihrer Gesundheit zu bezahlen haben. Kann man diese Folgen als ausgleichende «Strafe» für falsches Leben oder muss man diese Selbstbeschädigung sogar als eine Selbstbestrafung aus unbewusstem Schuldgefühl heraus verstehen? Bedenkt man etwa die Begeisterung, mit der Männer in einen Krieg ziehen, verbunden mit dem Risiko, dort getötet zu werden, darf man wohl auch in diese Richtung denken. Für mich liegt dieser Gedanke nahe, weil ich die frühen Bedrohungs- und Mangelerfahrungen einer großen Zahl von Männern kenne, die durch besondere Leistungen beweisen wollen, dass das frühe Defizit an Anerkennung und Liebe ungerecht war, und sich nun bis zum Umfallen abrackern. Im Irrglauben, sich Liebe verdienen zu können, opfern sie eher ihre Gesundheit, als dass sie den Protest gegen ihre Eltern – die Verantwortlichen für die emotionale Mangelversorgung – richten. Als Kind wird man immer denken, dass man nicht liebenswert, also selbst schuld sei an einer lieblosen Behandlung. Und nicht wenige verfallen der Illusion, durch Macht und Gewalt die frühen Bedrohungserfahrungen vergessen zu machen oder gar rächen zu können. So werden die frühen Opfer zu späteren Tätern, die nun andere zu Opfern machen oder sich im sozialen, sportlichen, ökonomischen und militärischen Kampf am Ende selbst opfern.

«Der Mann» ist eben nicht das privilegierte Geschlecht. Die Männer, die das noch immer glauben, brauchen eine solche Idealisierung womöglich als psychischen Abwehrvorgang gegen eine tiefgreifende Erschütterung ihres Selbst- und Weltbildes, weil sie nicht wahrhaben können, dass das Drama ihrer Existenz schon längst geschehen ist und durch nichts mehr ungeschehen gemacht, sondern nur verschlimmert werden kann.

Feministinnen, die das sinnvolle und notwendige Bemühen um die Gleichberechtigung der Geschlechter auf einen ideologisch geführten Kampf reduzieren und die Misere der Frauen vor allem den Männern anlasten, verkennen nicht nur die Gleichrangigkeit der Not der Geschlechter, sondern vermehren auch das Leiden ihrer Geschlechtsgenossinnen. Sie legen ihnen als Ziel die Fehlentwicklung der Männer nahe und wollen die Frauen in die gleichen hochproblematischen Rollen bringen. Dass Frauen in Führungspositionen wirklich bessere Eigenschaften entwickeln können und vor allem andere Ziele als die kritisierten Männer verfolgen, ist in der gesellschaftlichen Realität nicht auszumachen.

Feminismus und destruktive männliche Dominanz marschieren im Gleichschritt, wenn spezifisch weibliche Funktionen und Aufgaben, etwa gute Mütterlichkeit, abgewertet oder in Abrede gestellt werden. Dann werden Frauen von Frauen und Männern gemeinsam verraten und mit der für die Gesellschaft zentralen Aufgabe allein gelassen, wie Familie und Beruf, wie elterliche, partnerschaftliche, arbeitsorientierte und individuelle Bedürfnisse gut zusammengeführt und integriert gelebt werden können. Mehr noch: Die kämpferische Argumentation macht eine solidarische Problemlösung unmöglich.

Vorwort von Hans-Joachim Maaz

Die Zukunft der Gesellschaft hängt entscheidend von der Qualität der elterlichen Funktionen für die Entwicklung der Kinder ab, also vom Wert mütterlicher und väterlicher Fähigkeiten. Diese Aufgabe erlaubt keinen Geschlechterkampf, sondern verlangt eine gemeinsame Antwort darauf, wie Männer und Frauen ihre väterlichen und mütterlichen Aufgaben optimal zur Geltung bringen können. Gute Mütterlichkeit vermittelt dem Kind die Erfahrung von Bindung, Selbstwert und Identität. Und gute Väterlichkeit fördert Autonomie, vermittelt Verantwortlichkeit und Orientierung. Mütterlichkeit und Väterlichkeit sind Beziehungsfunktionen, die nicht zwingend geschlechtsgebunden sind. Trotzdem hat die reale Mutter durch Schwangerschaft, Geburt und Stillzeit eine herausragende Bedeutung für basale mütterliche Funktionen, die nicht beliebig delegiert werden können. Ein Elternpaar wird sich gut darüber verständigen müssen, wie es die gegensätzlichen Bedürfnisse des heranwachsenden Menschen nach Bindung und Eigenständigkeit, nach Versorgung und Verpflichtung, nach liebevoller Bestätigung und sozialer Verantwortung, abgestimmt auf die jeweiligen elterlichen Möglichkeiten, vermitteln und befriedigen kann. Alleinerziehende haben es mit dieser Aufgabe naturgemäß besonders schwer und bedürfen deshalb auch besonderer sozialer Unterstützung.

Die Solidarität der Geschlechter ist ein zentrales Anliegen Matthias Stiehlers. Das steht in deutlichem Gegensatz zu der Forderung, Männern stünde keine andere Rolle mehr offen als die eines gefühlsbetonten, weichen, familiär orientierten Hausmannes. Der «neue Mann» ist nicht die Lösung unseres gesellschaftlichen und partnerschaftlichen Problems, sondern nur die Karikatur eines unverstandenen und somit auch unerlösten Schicksals. Männer sind nicht mehr und nicht weniger ihrer

Vorwort von Hans-Joachim Maaz

Emotionalität und elterlichen Funktion entfremdet als Frauen, nur anders. Um dieses Verständnis wirbt der Autor des vorliegenden Buches mit überzeugenden Argumenten.

Der «Männerversteher» stellt das Bemühen von Männern, sich endlich selbst gut zu verstehen, in den Mittelpunkt. Er will von Fremdbestimmung und externer Beeinflussung befreien und zur echten Selbsterfahrung einladen. Bieten sich Männer hingegen als «Frauenversteher» an, handelt es sich meistens um «Mutterbediener», die immer noch um die nie erhaltene Zuwendung betteln. Der «Männerversteher» will gerade auch diese Tragik aufdecken und auflösen helfen.

Anderen – und am Lebensanfang vor allem der Mutter – abspüren zu müssen, was von einem erwartet wird, statt erkannt, verstanden und befriedigt zu werden, gehört zu den schmerzlichsten Quellen der Entfremdung und Fehlentwicklung von Kindern, unabhängig ob Mädchen oder Junge. Um den bedrohlichen Mangel an Zuwendung zu mildern, tun Kinder alles, um in irgendeiner Form Annahme und Bestätigung zu erfahren, sonst könnten sie kaum überleben. So sind die frühen «Mutterbediener» die späteren männlichen und weiblichen Leistungsträger der Gesellschaft, die glauben, sich Liebe immer noch verdienen zu können, oder sie entwickeln sich zum Macho und zur Emanze, die ihre verständliche Aggression am leider falschen Objekt oder in selbst provozierten sozialen Kämpfen und zumeist auch in versteckten kinderfeindlichen Positionen abreagieren.

Frühes Leid führt bisher immer noch nicht zur Solidarität der betrogenen Menschen, sondern wird leider auch im Geschlechterkampf ausagiert, vergleichbar der häufigen Geschwisterrivalität im Kampf um die Gunst der Eltern. Statt die Quelle eines befriedeten Lebens zu sein, geraten so auch Partnerschaft und Sexualität in den Strudel eines häufig hassvoll ausgetragenen Stellvertreterkrieges.

Matthias Stiehler ist ein echter «Männerversteher». Er zeigt auf, wie Männer mit ihrer Natur, ihrer Biologie, letztlich auch mit ihrem Testosteron zu einem weniger entfremdeten, authentischen Leben finden können. So groteske «Erziehungsmethoden» wie die, aus einem Rowdy einen Sitzpinkler zu machen, helfen da wenig weiter. Um echtes Mannsein zu erreichen, müssen belastende entwicklungspsychologische Erfahrungen und die zugedachten sozialen Rollen überwunden werden. Dies ist eine sehr mühevolle und oft auch schmerzliche Aufgabe. Nur wirkliche Selbsterkenntnis lässt uns aus Entfremdung, Abhängigkeit, Fremdbestimmung, Rollenverhalten, Geschlechterkampf und feindseligem Ausagieren herausfinden. Selbsterkenntnis ist der Königsweg zur Gesundung und Identität, auf dem sich auch frühe Defizite und Verletzungen, wenn schon nicht ausheilen, so doch verstehen und in ihren Folgen ausbremsen lassen. Noch besser wäre es allerdings, wir fänden als Männer und Frauen in wirklicher Partnerschaft und durch lustvolle Sexualität zu gemeinsamer Elternschaft, mit der wir unseren Kindern ein Schicksal ersparen können, das die meisten Menschen, egal ob durch sozialistische oder kapitalistische Sozialisation entfremdet, erlitten haben.

So schließt «Männerverstehen» ganz selbstverständlich auch die Frauen mit ein. Nur wenn Männer und Frauen ihre Entfremdung erkennen, ihre Fehlentwicklungen verstehen und emotional verarbeiten, statt ihre Empörung gegeneinander zu richten und ihre Defizite in der Ausbeutung der «Mutter» Erde zu kompensieren, erreichen wir eine lebenswerte Zukunft. Matthias Stiehlers Buch macht uns Mut dazu und zeigt einen Weg, den jeder gehen kann. *Hans-Joachim Maaz*

1.
Tabuisierte Männlichkeit

Es fehlt ein positives männliches Selbstverständnis

Als Kind meiner Zeit bin ich stets ganz selbstverständlich davon ausgegangen, dass wir in einem aufgeklärten, zumindest auf sexuellem Gebiet sehr fortschrittlichen Zeitalter leben, in dem es eher zu wenige als zu viele Tabus gibt.

Ein Museumsbesuch sollte mich eines Besseren belehren. Im Jahr 2006 fand in Dresden die Ausstellung «100 000 Jahre Sex» statt. In ihr wurde eine Kulturgeschichte der Sexualität erzählt. Die Ausstellung reichte von ersten Darstellungen nackter Körper und sexueller Handlungen bis in die Gegenwart.

In der römischen Epoche angekommen, wies uns die Ausstellungsführerin auf Priapus hin, den römischen Gott der Fruchtbarkeit. Sie zeigte uns eine kleine Figur, etwas mehr als fünf Zentimeter groß, allein mit einem Hemd bekleidet. Das Hemd hielt er hoch, sodass er damit Früchte tragen konnte. Unter dem Hemd jedoch ragte ein erigierter Penis hervor. Die Ausstellungsführerin erklärte uns, dass Priapus im antiken Rom hohes Ansehen genoss. Die römische Kultur war aus einer Ackerbaugesellschaft hervorgegangen und so durfte im Römischen Reich auf keinem der üblichen Hausaltäre eine Priapus-Figur fehlen.

Ich stellte mir vor, wie es auf die Menschen, vor allem auf die heranwachsenden Kinder gewirkt haben muss, wenn zu ihrem Alltag eine männliche Götterfigur mit erigiertem Penis gehört,

1. Tabuisierte Männlichkeit

wenn sie mit diesem Bild selbstverständlich leben. Und zugleich dachte ich darüber nach, wo in unserer Kultur erigierte Penisse zu sehen sind. In unverblümter Form finden wir sie außerhalb der Intimsphäre nur im Pornobereich, sonst ist ihre Darstellung verboten. Verdeckt (Sigmund Freud würde von «sublimierter Form» sprechen) entdecken wir sie natürlich noch in den Schornsteinen, Wolkenkratzern und Raketen. Aber offensichtlich gibt es in unserer aufgeklärten Gegenwart keinen vergleichbaren alltäglichen und offenen Umgang mit der Darstellung eines erigierten Penis. Ich glaube, dass dies kein Zufall ist. Es geht hier ja nicht um irgendeinen Körperteil, sondern um das zentrale Symbol von Männlichkeit. Es geht um Kraft, Potenz und Selbstbewusstsein von Männern. Wenn ich also die Verbannung des erigierten Penis aus unserer Öffentlichkeit ernst nehme, dann stoße ich auf Fragen, die über das primäre männliche Geschlechtsorgan hinausgehen, ja die nicht einmal mit Sexualität allein zu tun haben. Es geht vielmehr darum, was Männlichkeit in unserer Gesellschaft bedeutet und wie Männlichkeit in unserer Gesellschaft bewertet wird.

Nach Aussagen vieler Männerforscher hat es hier in den letzten Jahren einen großen Wandel gegeben. Selbstverständlichkeiten in den Beziehungen der Geschlechter sind verloren gegangen und die Erwartungen der Gesellschaft an Männer haben sich geändert. Das ist seit mehreren Jahren das Thema der Männerforschung. Sie konstatiert zumeist, dass Männer zunehmend über die ihnen zugewiesene Rolle verunsichert sind. Viele Männer wissen nicht, wie sie sich in einer guten Weise verhalten können, sodass ihr Verhalten auch noch gesellschaftliche Anerkennung findet. Sie sollen Gefühle zeigen, sie sollen schwach sein können. Zugleich aber sollen sie sich in einer globalisierten Welt durchsetzen, mobil und auch für Frauen stark sein. Männliche Potenz wird weiterhin wie selbstverständlich erwartet, aber zugleich soll sie domestiziert, soll sie rücksichtsvoll und sanft sein. Ansonsten geraten Männer sehr schnell und pauschal in die Ecke des Unanständigen. Männer ihrerseits versuchen oft genug, sich den gesellschaftlichen Erwartungen anzupassen. Andererseits, und auch das ist Bestandteil der allgemeinen Verunsicherung, rebellieren gerade junge Männer gegen neue Vorstellungen von Männlichkeit, indem sie sich besonders hart und betont «männlich» zeigen.

Wir finden in unserer Gesellschaft eine Vielzahl unterschiedlicher Lebensentwürfe, die Männer umsetzen. Dieses Buch wird einige davon aufzeigen und in Beispielen darstellen. Was aber den meisten von ihnen fehlt, ist eine *positive Selbstverständlichkeit* der eigenen Geschlechtsidentität. So, als dürfe es kein selbstverständliches Mannsein geben.

Doch auch wenn die Verunsicherung von Männern, wenn die unklaren und oftmals auch widersprüchlichen Bilder davon, wie ein Mann sein soll, in den Medien ab und an beklagt werden, besteht kaum ein öffentliches Interesse daran, die Situation wirklich ernst zu nehmen oder gar zu ändern. Zumindest vermisse ich eine allgemeine Verständigung über solche Fragen, die größere Teile der Gesellschaft einbezieht: Was ist bei aller individuellen Ausgestaltung unter Männlichkeit zu verstehen? Wie sieht gelungenes Mannsein aus und an welchen Werten und Vorbildern kann sich der Einzelne orientieren? Von den wenigsten Männern lässt sich sagen, dass sie sich im Hinblick auf ihr Mannsein ernst nehmen, dass sie spüren möchten, was in diesen Belangen für sie richtig ist, und dafür dann auch eintreten – sowohl im Privaten als auch im Politischen.

In zahlreichen, von mir (mit)geleiteten Workshops, Männergruppen, Paar- und Einzelberatungen kommt stattdessen

1. Tabuisierte Männlichkeit

immer wieder eine Grundhaltung von Männern zum Vorschein, dass sie das tun wollen, was von ihnen erwartet wird. Sie verwenden viel Energie darauf zu erahnen, was sie tun *sollen*. Von wem sie dieses «Sollen» empfangen, ist unterschiedlich. Das können Mütter, Väter, Partner oder Partnerinnen sein, aber auch Gruppen von Gleichaltrigen oder vermeintliche öffentliche Erwartungen. Die meisten Männer wissen jedoch kaum, was sie selbst, also aus sich heraus, tun *wollen*. So treten sie dann auch in der Öffentlichkeit nur selten für sich ein. Dass es keine wirkliche Männerbewegung gibt, ist ein deutliches Zeichen dafür. Natürlich lässt sich dies auch so deuten, dass Männer so etwas nicht brauchen, etwa weil es ihnen gut genug geht. Aber das ist Unsinn. Denn bereits ein Blick auf die unterschiedliche Lebenserwartung der Geschlechter zeigt, dass es um uns Männer nicht gut bestellt ist. Männer sterben im Durchschnitt sechs Jahre früher als Frauen. Und das muss Gründe haben, die nicht beim Einzelnen liegen, sondern in der gesellschaftlichen Situation der Männer zu finden sind.

Früher Tod – ohne Konsequenzen

Männer sterben im Durchschnitt deutlich früher als Frauen. Doch wird dieser Umstand von ihnen selbst fast stoisch hingenommen. Es gibt nur wenige Männer, die die geringere Lebensdauer als Ausdruck gesellschaftlicher Benachteiligung sehen. Dabei ist einer der Grundsätze der Medizinsoziologie, dass sich die gesellschaftliche Stellung einer Gruppe in ihrer Lebenserwartung zeigt: je kürzer diese ist, desto schlechter ist auch die gesellschaftliche Situation. Dieser Grundsatz ist wissenschaftlich unumstritten und wird für viele Bereiche der Gesellschaft angewandt – nicht jedoch in der Geschlechterforschung. Denn dies würde ja folgerichtig zu der Frage führen, in welcher gesellschaftlichen Situation Männer leben, wenn sie im Durchschnitt mehrere Jahre weniger leben als Frauen. Doch diese Frage und erst recht die Suche nach Antworten wird seit Jahren gemieden. Die Gesundheitssoziologin Uta Gerhard wies bereits vor mehr als zwanzig Jahren auf diesen Widerspruch hin.[1] Aber es scheint so, als interessiere sich dafür höchstens eine kleine Gruppe von Männeraktivisten. Unvorstellbar hingegen, dass es ebenso ruhig bliebe, wenn eine Statistik herausfände, dass die Lebenserwartung von Frauen geringer als die der Männer wäre.

Dazu muss man wissen, dass die Statistik der Lebenserwartung, unterteilt nach Geschlecht, die wahrscheinlich fälschungssicherste Statistik überhaupt ist. Denn es lässt sich sehr einfach feststellen, ob jemand gestorben ist und ob es sich dabei um eine Frau oder einen Mann gehandelt hat. Und da die Gestorbenen in unserem Land nahezu lückenlos erfasst werden, liegt hier nicht nur eine repräsentative, sondern vor allem eine objektive Datenerfassung vor. In Verbindung mit dem gesundheitswissenschaftlichen Grundsatz, dass sich in einer geringeren Lebenserwartung einer Gruppe deren gesellschaftliche Benachteiligung äußert, wird damit unzweifelhaft eine Benachteiligung von Männern festgestellt, auch wenn die Statistik nicht aussagt, worin diese Benachteiligung besteht. Eine geringere Lebenserwartung von Frauen würde jedenfalls als endgültiger Beweis für die Benachteiligung der Frauen in unserer Gesellschaft angesehen werden. Nicht nur die Frauenbewegung, auch die öffentliche Meinung, die in den letzten Jahrzehnten sehr stark durch die Frauenrechtsdebatte geprägt

1. Tabuisierte Männlichkeit

wurde, würde diese Tatsache als Skandal betrachten und immer wieder den Finger in die Wunde legen. Undenkbar, dass eine solche Statistik nicht als Ausdruck gesellschaftlicher Zustände angesehen würde.

Anruf aus einem Männerbüro:
«Herr Dr. Stiehler, wir müssen die mit Ihnen geplante Veranstaltung leider absagen. Wir bekommen in diesem Jahr leider keine Fördermittel und so müssen wir die Veranstaltungsreihe streichen.»
«Heißt das, dass Sie Ihr Büro schließen müssen?»
«Nein, so schlimm ist es Gott sei Dank nicht. Aber wir bekommen nur noch bestimmte Projekte gefördert. Das Gewaltprojekt und das für arbeitslose Männer gehen weiter. Aber unsere allgemeine Männerarbeit müssen wir zurückfahren.»
«Und wird für die Streichung ein Grund genannt?»
«Ja, der Grund ist, dass Männerarbeit an sich als nicht förderfähig gesehen wird. Es werden nur die Projekte gefördert, die sich an benachteiligte Gruppen wenden. Dazu gehören Männer nicht, falls sie nicht irgendeiner schwierigen Untergruppe angehören.»
«Nun ja, dazu ließe sich einiges sagen ...»
«Wir wollen ja auch Männerarbeit machen. Das ist schon nötig. Aber eine Benachteiligung von Männern sehen wir auch nicht. Und die Förderrichtlinien sind nun mal so.»

Im Hinblick auf die gesellschaftliche Benachteiligung von Männern gibt es eine breite Allianz des Schweigens, des Nichtwahrhaben-Wollens und des Umdeutens. Zu dieser Allianz gehören nicht nur feministische Wissenschaftlerinnen, Gleichstellungsbeauftragte und Politikerinnen, die in unserem Land den Geschlechterdiskurs dominieren. Dazu zählen auch zahlreiche männliche Wissenschaftler und Politiker. Unter diesen

Männern sind zwei Formen des Umgangs mit dem Problem verbreitet. Entweder es wird grundsätzlich geleugnet, dass auch Männer Benachteiligungsstrukturen ausgesetzt sind. Von diesen sogenannten kritischen Männerforschern wird noch zu sprechen sein. Oder man ist, wenn schon Probleme von Männern angesprochen werden, sehr darauf bedacht, bloß nicht den Unmut von Frauen zu erregen. Eine der Standardaussagen ist dann, dass man, indem man auf Probleme von Männern hinweist, keinesfalls die Benachteiligung von Frauen leugnen möchte. Auch wenn es wirklich nicht darum gehen kann, in eine Konkurrenz der Benachteiligung zu geraten, zeigt sich bei diesen Männern ein defensives Verhalten, dass umgekehrt so nicht vorstellbar wäre.

Doch nicht nur Fachkreise gehen, zu großen Teilen unreflektiert, von einer gesellschaftlichen Benachteiligung allein der Frauen aus. Auch die öffentliche Meinung ist von dieser Haltung durchdrungen. Selbst die Medien, die – so scheint mir – immer noch zum Großteil von Männern gestaltet werden, sind sehr viel schneller bereit, wirkliche oder auch nur vermeintliche Benachteiligungen von Frauen zu thematisieren, als auch einmal etwa nach den gesellschaftlichen Ursachen der geringeren Lebenserwartung von Männern zu fragen.

So wurde im August 2008 von vielen Medien eine Meldung aufgegriffen, die Ergebnisse der *Vorwerkfamilienstudie 2008* wiedergab. Diese Studie[2] stellte fest, dass Frauen weiterhin die Hauptlast der Familienarbeit tragen; selbst junge Männer stünden den Selbstverwirklichungswünschen von Frauen skeptisch gegenüber. Die Faulheit der Männer im Haushalt, so das Fazit, gefährde den Bestand der Partnerschaft. Ohne auch nur einen Funken journalistischer Skepsis wurden diese Behauptungen in den Hauptnachrichten wiedergegeben.

1. Tabuisierte Männlichkeit

Allerdings weist die Studie erhebliche Mängel auf. So geht sie von einem verkürzten Begriff von Familienarbeit aus, der gerade jene Tätigkeiten ausspart, die traditionell von Männern verrichtet werden. So wird, um ein Beispiel zu nennen, die Autopflege gern als männliches Hobby angesehen, auch wenn es sich dabei real um Familienarbeit handelt.

Natürlich wird die geringere Lebenserwartung von Männern in Gesundheitsdebatten immer wieder benannt. Öffentlich bekannt ist dieses Faktum schon. Aber die Schlussfolgerung, die daraus gezogen wird, ist stets gleich: Wenn sich die Männer nicht so riskant und selbstzerstörerisch verhielten, würden sie auch länger leben. Die Männer verursachen ihre Probleme demnach selbst, was die Frage nach tiefer liegenden Ursachen gar nicht erst nötig macht. Ein Zuhörer bei einem meiner Vorträge brachte es auf den Punkt: «Wenn Frauen gesundheitliche Schwierigkeiten haben, liegen die Ursachen in den gesellschaftlichen Zuständen, die Männer sind jedoch selbst daran schuld.» Das Bedeutsame an dieser Antwort ist, dass dieser Arzt und Mann seine Aussage ernst meinte. Ich habe extra nachgefragt.

Es gibt ein Tabu, nach gesellschaftlichen Ursachen männlicher Gesundheitsprobleme zu fragen. So weigerte sich die Bundesregierung jahrelang, einen Männergesundheitsbericht – vergleichbar dem Frauengesundheitsbericht von 2001 – herauszugeben. Zunächst wurde als Grund für die Ablehnung genannt, dass die Themenfelder der Männergesundheit bekannt sind und daher eine geschlechterdifferenzierte Gesundheitsberichterstattung durch den Bund längst umgesetzt sei. Der dazumal herausgegebene Frauengesundheitsbericht war notwendig gewesen, um Defizite bei der Identifizierung spezifischer Gesundheitsthemen von Frauen zu beheben. Als dann die «Deutsche Gesellschaft für Mann und Gesundheit» in einem Briefwechsel mit dem Bundesgesundheitsministerium von 2008 auf mehrere Beispiele hinwies, in denen Defizite bei der Erfassung gesundheitlicher Problemlagen von Männern deutlich wurden, kehrte man die Argumente einfach um: Der antwortende Ministerialbeamte sagte nun, dass eine Gesundheitsberichterstattung ja nur darstellen könne, was bekannt sei. Diese Anforderungen aber seien derzeit noch nicht für alle Themenfelder der Gesundheitsberichterstattung gegeben.[3] Mit anderen Worten, es könne keinen Männergesundheitsbericht geben, weil dazu noch nicht alle notwendigen Fakten bekannt sind. Wenn die Argumente so hin- und hergeschoben werden, nur damit die Ablehnung eines Männergesundheitsberichts bestehen bleibt, dann liegt der Verdacht auf der Hand, dass man eine Benachteiligungsdebatte, in die auch Männer einbezogen sind, in jedem Fall vermeiden möchte.

Als beunruhigendes Beispiel mag das Thema Gewalt gegen Frauen und Männer dienen. Hier hatte das Bundesfamilienministerium eine große Untersuchung zur Gewalt gegen Frauen in Auftrag gegeben.[4] Etwa 10 000 Frauen wurden befragt. Eher als Alibi ist demgegenüber eine Studie zur Gewalt gegen Männer einzuschätzen.[5] Hier wurden lediglich 266 Männer befragt und die Studie wurde vom Bundesfamilienministerium kaum an die Öffentlichkeit getragen. Trotzdem entfaltete sie, auch aufgrund der unermüdlichen Arbeit des Forscherteams, eine öffentliche Wirkung – wenn auch vor allem in Fachkreisen. Zunehmend wird klar, dass auch Männer in umfangreicher Weise von Gewalt betroffen sind, ja dass selbst häusliche Gewalt gegen Männer ein ernst zu nehmendes Thema ist. So weisen selbst Alibiuntersuchungen darauf hin, dass die Behauptung der ausschließlichen gesellschaftlichen Benachteili-

1. Tabuisierte Männlichkeit

gung von Frauen nicht mehr ist als eine Ideologie, die auch statistisch auf schwachen Füßen steht.

Dass es sich dabei nicht um ein Problem der Bundesregierung allein handelt, verdeutlichen weitere Erfahrungen. Um nur drei herauszugreifen: Mehrfach habe ich erlebt, wie in Debatten, die auch die gesundheitliche Situation von Männern thematisierten, hämische Bemerkungen fielen: «Ach, die Ärmsten.» So, als sei es unerträglich, wenn es auch mal Männern schlecht geht. Oder: Auf einer Veranstaltung zu «Gesundheit und Geschlecht», in der ich soeben auf Defizite im Bereich der Männergesundheit hingewiesen hatte, antwortete eine Referentin zur Frauengesundheit auf die Frage, warum Änderungen so langsam vonstatten gingen: «Das liegt daran, dass Gesundheit eine Machtfrage ist. Und die Macht haben in unserem Land nun einmal die Männer. Daher ändert sich die gesundheitliche Situation von Frauen kaum.» Dabei hatte ich doch gerade dargestellt, dass es erhebliche Probleme auf dem Gebiet der Männergesundheit gibt, die im Gegensatz zu Problemen der Frauengesundheit von der Politik noch nicht einmal wahrgenommen werden. Wieso weigert sich diese Wissenschaftlerin, das auch nur zur Kenntnis zu nehmen? Und das dritte Beispiel: Die Gleichstellungsbeauftragte einer Stadt äußerte vor einem Vortrag, zu dem mich der dortige Bürgermeister eingeladen hatte, dass sie sich so etwas gar nicht erst anhöre und der Veranstaltung daher fernbleibe. Damit gibt sie zwar ihre ehrliche Meinung kund, erfüllt aber zugleich nicht die Hauptaufgabe einer Gleichstellungsbeauftragten, nämlich für eine Gleichstellung von Frauen und Männern zu sorgen. Im Gesundheitsbereich – aber auch nicht nur dort – zeigt sich also, dass die Maßstäbe verschoben sind und insgesamt etwas nicht stimmt.

Männerentwertung als gesellschaftlicher Mainstream

Wir haben es hier weniger mit einem intellektuellen als vielmehr mit einem emotionalen Problem zu tun. Die Wissenschaftlerinnen und Wissenschaftler, die sich konsequent weigern, gesellschaftliche Benachteiligungen von Männern zu thematisieren, tun dies zumeist auf hohem intellektuellem Niveau. Raewyn Connells *Der gemachte Mann*[6] und Pierre Bourdieus *Die männliche Herrschaft*,[7] um zwei der international prominentesten Werke der Männer(entwertungs)forschung zu nennen, sind intellektuelle Meisterwerke. Beide vertreten in intellektuell brillanter Form die Grundthese, dass Frauen die wahrhaft Benachteiligten unserer westlichen Kultur sind. Sie unterscheiden sich nur darin, dass Connell behauptet, es gebe innerhalb der Gruppe der Männer auch Benachteiligungen; diese würden jedoch keine gesamtgesellschaftliche Situation von Männern widerspiegeln, sondern seien von ihnen selbst zu verantworten. Bourdieu hingegen kommt sich sehr mutig vor, weil er die Ansicht vertritt, auch Frauen wirkten an ihrer Benachteiligung mit, wenn sie sich mit ihrem vermeintlichen Schicksal abfinden. Aber weder Connell noch Bourdieu kommt es in den Sinn, mit gleichem intellektuellem Elan etwa die Lebenserwartungsstatistik in ihre Überlegungen einzubeziehen und daraus endlich auch einmal seriöse Konsequenzen zu ziehen. Vielmehr lassen sich beide Bücher als Versuch verstehen, das Tabu, gesellschaftliche Benachteiligungen von Männern zu thematisieren, mit der Kraft wissenschaftlicher Autorität zu festigen.

Die Tabuisierung einer differenzierten und womöglich auch positiven Sicht auf Männlichkeit ist natürlich weder allein ein

1. Tabuisierte Männlichkeit

Problem von Politikerinnen und Politikern noch von Wissenschaftlerinnen und Wissenschaftlern. Es ist vielmehr die allgemeine gesellschaftliche Haltung oder, wie wir heutzutage sagen: der Mainstream, also die in der Öffentlichkeit wirksame Hauptmeinung, die aus dem Ruder gelaufen scheint. Das Tabu, gesellschaftliche Benachteiligung von Männern zu thematisieren, hat sich ebenso fest in der Gesellschaft verankert wie die Verbannung erigierter Penisse aus dem öffentlichen Alltag. Es wird in der Politik, der Wissenschaft, aber auch in den Medien aufrechterhalten und wirkt von hier aus auch in den privaten Bereich hinein. Dort aber vergiftet es in besonderer Weise das Leben von Männern *und* Frauen. Im Folgenden wird sich immer wieder zeigen, dass ein Grundproblem vieler Partnerschaften nicht irgendwelche Ungerechtigkeiten sind – die gibt es in Partnerschaften eher selten und auf keinen Fall in gesellschaftlich relevantem Ausmaß. Es ist vielmehr das Gegeneinander von Frauen und Männern, das lebens- und liebeszerstörerisch wirkt. Die Tabuisierung von Männlichkeit in unserer Gesellschaft ist nicht nur die Ursache für eine fehlende positive Geschlechtsidentität von Männern, sie ist auch ein Haupthindernis für ein gelingendes Miteinander von Frauen und Männern.

Falsche Vorstellungen von männlicher Stärke und Schwäche

Auf den ersten Blick scheint es weit hergeholt zu sein, das Tabu, die gesellschaftliche Benachteiligung von Männern zu thematisieren, mit der Verbannung des erigierten Penis aus der Öffentlichkeit in Verbindung zu bringen. Geht es doch einmal – ganz allgemein gesagt – um männliche Schwäche, das andere Mal eher um männliche Stärke. Aber genau hier liegt ein weiteres Problem von Männlichkeit in unserer Gesellschaft: in unklaren Vorstellungen davon, was männliche Stärke und was männliche Schwäche wirklich sind. Hier scheinen weder die Männer selbst, noch ihre Partnerinnen, erst recht jedoch auch nicht die öffentliche Meinung eine klare Antwort geben zu können.

Aus einer Paarberatung:
Frau: Ich ertrage es nicht, dass mein Mann den ganzen Tag nichts tut und nicht weiß, was er will. Er kümmert sich weder um unseren Sohn, der doch gerade jetzt mit zwölf seinen Vater bräuchte. Er kümmert sich aber auch nicht um einen anständigen Job.
Mann: Das stimmt so nicht. Ich arbeite ja und habe jetzt eine eigene Firma gegründet.
Frau: Die aber kein Geld bringt. Zurzeit bin ich es, die die Familie ernährt.
...
Frau: Und dann muss ich noch sagen, dass sich mein Mann überhaupt nicht an Absprachen hält. Jetzt hat er gerade mit dem Sohn Silvesterknaller gekauft. Dabei gibt es die Absprache, dass wir so etwas nicht machen.
Mann: Es hat nie so eine Absprache gegeben.
Frau: Aber wir haben uns in all den Jahren nie Silvesterknaller gekauft. So was wollten wir nicht.
Mann: Aber der Junge hat es sich gewünscht und ich fand das okay.
Frau: Siehst du, statt dass du dich endlich mal durchsetzt, Stärke beweist ...
Berater: Aber ist es denn keine Stärke, dass er die Entscheidung trifft, auch wenn er sicher sein kann, dass Sie damit nicht einverstanden sind? Sie können doch keine Stärke erwarten und dann selbst festlegen, worin diese Stärke besteht?

1. Tabuisierte Männlichkeit

Aus einer anderen Paarberatung:
Situation: Der Mann ist fremdgegangen und beide kommen in die Paarberatung, um diese Situation aufzuarbeiten. Die Frau hat sich, seit sie von der Affäre des Mannes weiß, viele Gedanken gemacht, wie es dazu kommen konnte. Sie hat versucht, sich zu erinnern, was in dem Jahr, als die Affäre begann, mit ihnen beiden passiert ist. Sie erinnert sich, dass sie damals durch ihre Mitarbeit im Büro ihrer Tochter sehr belastet war und wenig Zeit hatte. Der Mann gibt als Grund für sein Fremdgehen an, dass die sexuellen Bedürfnisse beider unterschiedlich sind und damals, bedingt durch den Stress seiner Frau, besonders auseinandergingen. Dem Beraterpaar viel auf, dass immer nur die Situation der Frau betrachtet wurde. Daher fragte es nach und es stellte sich heraus, dass der Mann gerade in der fraglichen Zeit in Rente gegangen war. Als die Berater sich bemühten, diesen starken Lebenseinschnitt näher zu beleuchten, erzählte der Mann nur, dass er nirgends Probleme hatte. Sein Beruf war toll gewesen, er hat ihn in all den Jahren sehr gern ausgeübt. Aber auch die Rente macht ihm nur Spaß. Er kommt gut als Rentner zurecht. Und auch beim Wechsel vom Arbeits- in den Ruhestand gab es keine Probleme – außer, dass er eine Affäre begann.

Diese beiden Beispiele rücken bei aller Unterschiedlichkeit gleichermaßen ins Bild, was männliche Stärke und was männliche Schwäche sein kann und wie sehr beides tabuisiert wird. Im ersten Beispiel fordert die Frau Stärke von ihrem Mann. Aber es geht ihr gar nicht darum, dass der Mann wirklich stark ist, vielmehr soll er Stärke *für sie* zeigen, und das ist bei genauer Betrachtung natürlich keine männliche Stärke. Es wäre eher eine Art Diensterfüllung.

Eine solche Konstellation ist unter Paaren weit verbreitet und reicht bis in den Bereich der Sexualität. So kommt es immer wieder vor, dass sich Frauen in der Paarberatung beschweren,

Falsche Vorstellungen von männlicher Stärke und Schwäche

ihr Mann sei nicht stark genug und sie wünschten sich auch im Bett einen richtigen Mann. In der Regel steckt hinter solchen Forderungen allerdings der Wunsch der Frau, die eigene Schwäche, Unklarheit oder Bedürftigkeit zu verdecken bzw. abgenommen zu bekommen. Entdeckt dann im Rahmen der Beratung der Mann immer mehr, was er selbst will, und vertritt dies auch gegenüber seiner Frau, ist ihr dies häufig auch nicht recht. Denn sein Wollen deckt sich nicht unbedingt mit ihrem. Im Gegenteil, je mehr er seine Abhängigkeit reduziert, desto weniger kann die Frau ihre Schwäche hinter der seinen verstecken.

Doch nicht nur beim Thema Stärke müssen wir genau hinschauen, was gemeint ist. Auch beim Thema Schwäche herrschen im privaten wie im gesellschaftlichen Verständnis Unklarheiten. So hat der Mann im zweiten Beispiel große Schwierigkeiten zuzugeben, dass ihm etwas nicht gelingt, dass ihn seine Arbeit unter Umständen auch belastet hat, dass ihm das Rentnerdasein manchmal auf die Nerven geht und er sich mit dem Wechsel vom Arbeits- zum Rentnerleben schwergetan hat. All die Unruhe, die mit einem solchen Wechsel zwangsläufig verbunden ist, die notwendig aufkommenden Fragen nach der Endlichkeit des eigenen Lebens, der Wegfall der bisherigen alltäglichen Lebensstrukturierung, all das muss verunsichern. In einer solchen Situation ist es normal, wenn Ängste aufsteigen. Ebenso normal ist es, wenn dieser Mann die Hilfe seiner Frau braucht, wenn er sich bedürftig und schwach fühlt und wenn er Trost sucht. Dass der Mann all dies nicht gespürt hat, zeigt, dass er sich solche, vermeintlich schwachen Seiten nicht zugesteht. Es passt nicht in sein Bild, hilflos und bedürftig zu sein und nicht allein zurechtzukommen. Deshalb kommt es ihm nicht in den Sinn, seine Frau um Hilfe und Beistand zu bitten. Stattdessen greift er nach einer vermeintlich erwachsenen Form von Zuwendung: Er legt sich in die Arme einer anderen Frau. Sich Nähe in Form von Sexualität zu holen, sieht zunächst sehr erwachsen aus. Aber dies ist – wenigstens in diesem Beispiel – eine grundlegende Täuschung. Denn das, was emotional mit diesem Fremdgehen abgehandelt wird, ist die Bedürftigkeit, die aus der schwierigen Lebenssituation entsteht. Es ist nicht die männliche Potenz, die den Mann in die Arme der anderen Frau treibt, sondern seine Schwäche, die er mit vermeintlicher Potenz überdeckt.

Die beiden Beispiele belegen die in unserer Gesellschaft verbreitete Unklarheit in Bezug auf männliche Stärken und Schwächen. Eine Frau fordert von ihrem Mann Stärke, aber eine Stärke, wie sie selbst sie sich wünscht. Wirkliche männliche Stärke möchte sie nicht. Wir können demnach zwischen einer falschen und einer echten Stärke unterscheiden. Die eine wird gefordert, sie soll anderen dienen und die eigenen Bedürfnisse und das eigene Wollen nicht im Blick haben. Diese Stärke ist verdeckte Schwäche. Auf der anderen Seite steht echte Stärke, die als Stärke *für sich* zu sehen ist. Sie ist nicht für andere da oder gar gegen andere gerichtet, sie bezieht sich auf den Mann selbst, seine Empfindungen, seine Bedürfnisse und sein Wollen. Das ist männliche Stärke.

Ich ahne schon, dass an dieser Stelle sofort der Egoismusvorwurf laut wird. Männer würden ja ohnehin nur an sich denken und dies würde durch eine derartige Einteilung in falsche und echte Stärke lediglich gefestigt. Doch auch hier ist zwischen gesundem und krankhaftem Egoismus zu unterscheiden. Kranker Egoismus ist bei Männern häufig anzutreffen, gesunder nur selten. Der Mann im zweiten Beispiel kann mit seinem Fremdgehen als egoistisch bezeichnet werden, wobei das Fremdgehen an sich noch kein Beleg für Egoismus in seiner krankhaften

Form ist. Dazu wird sein Verhalten, weil er seine Schwäche ausagiert, statt offen zu ihr zu stehen und für sich selbst eine gute und angemessene Form der Selbstsorge zu finden. Das heißt, es fehlt ihm an gesundem Egoismus. Innerhalb der Paarberatung zeigte sich dies beispielsweise daran, dass er andauernd von schlechtem Gewissen geplagt wurde und es ihm sehr schwer fiel, in seiner Partnerschaft auch nur einmal etwas für sich selbst zu fordern.

Es gibt echte Stärke und es gibt falsche Stärke. Und ebenso gibt es wirkliche Schwäche und verlogene Schwäche. Wirkliche Schwäche ist normal. Niemand vermag es, ohne emotionale Tiefs zu leben. Niemand vermag es, Lebenskrisen zu vermeiden. Es ist normal und in gewisser Weise sogar gut, dass ein Mann, der einen Übergang wie den im zweiten Beispiel beschriebenen erlebt, mit Ängsten und Trauer reagiert. Es ist normal, dass der Mann in dieser Situation Hilfe und Beistand braucht. Es ist eher unnormal, dass der Mann so tut, als sei das alles kein Problem, als würde ihm der Übergang ins Rentnerdasein nichts ausmachen und als wäre er selbst in einer solchen Situation nur stark. Wie so viele Männer versucht auch dieser ganz normales Schwachsein mit aufgesetzter Stärke zu kompensieren.

Aber es gibt auch ein falsches, verlogenes Schwachsein. Dies äußert sich überall dort, wo Männer schnell bereit sind, die Verantwortung für sich und ihr Handeln abzugeben. Etwa, wenn die Partnerin gefragt wird: «Was wollen wir heute Abend machen?»

Ein Mann, 52 Jahre:
«Ich will eigentlich, dass meine Frau wieder arbeitet. Okay, sie hat das in den ganzen Jahren wegen der Kinder nicht gemacht. Unser Dorf ist so klein, da fährt nicht mal ein Bus. Da musste sie die Kinder immer zur

1. Tabuisierte Männlichkeit

Schule bringen und dann wieder abholen. Und wenn die Kinder versetzt Unterricht hatten, da musste sie viermal am Tag fahren. Also war es schon in Ordnung, dass sie nicht gearbeitet hat.

Ich habe immer das Geld für uns verdient und meine Frau hat sich um die Kinder gekümmert. Ich war auch einverstanden damit. Sie war es ja auch. Aber jetzt will ich das so nicht mehr. Es gibt keinen Grund, warum sie jetzt nicht arbeitet. Ich will nicht immer in dem Druck stehen, dass ich das ganze Geld heranschaffen muss. Ich bin selbständig und reiße mir den Arsch auf, damit wir genug haben und unser Haus abzahlen können.

Meine Frau sträubt sich dagegen. Ich verstehe das auch. Sie will nicht mehr in ihren Beruf, den sie gelernt hat, und sie will auch nicht irgendwas machen. Es ist nicht so einfach, in unserer Gegend eine Arbeit zu finden. Sie sagt, sie braucht erst ein Auto, ehe sie sich kümmert. Denn ohne Auto kann sie nicht zur Arbeit kommen.

Am liebsten würde sie was Künstlerisches machen. Sie trommelt gern und hat in den letzten Jahren viel geübt. Sie tritt auch schon einmal im Monat in so einer Alternativkneipe auf. Ich bringe sie dann immer zum Bahnhof, damit sie mit dem Zug nach Leipzig fahren kann. Damit würde sie am liebsten Geld verdienen. Aber die Einnahmen reichen kaum für die Fahrtkosten. Ich hole sie am nächsten Tag dann immer wieder vom Bahnhof ab.

Ich weiß nicht, ob ich von ihr verlangen kann, dass sie sich eine Arbeit sucht. Ich würde mich zwar freuen. Aber kann man so was verlangen? Sie hatte es ja auch schwer als Jugendliche. Sie hatte einen hervorragenden Zehnklassenabschluss. Aber die Eltern wollten nicht, dass sie Abitur macht und studiert.»

Dieses Beispiel zeigt zum einen, wie mühevoll dieser Mann um Stärke ringt. Er sucht nach einer klaren Antwort, die seinem Empfinden entspricht. Aber es wird ebenso deutlich, wie ge-

Falsche Vorstellungen von männlicher Stärke und Schwäche

fangen er in seinem Zweifel ist. Darf er von seiner Frau verlangen, dass sie arbeitet und ihm somit auch ein wenig von der finanziellen Last genommen wird? Auf einer allgemeineren Ebene formuliert, lässt sich das Problem so fassen: Darf er seine Bedürfnisse und Erwartungen seiner Partnerin zumuten? Dass er sich durchringt, von seiner Frau zu verlangen, dass sie arbeiten geht, ist Ausdruck eines gesunden Egoismus. Selbstverständlich muss er auf seine Interessen achten, denn ansonsten zahlt er drauf – und sei es durch einen frühen Tod. Dabei liegt die Ungleichheit zwischen Frau und Mann in diesem Beispiel nicht unbedingt in der unterschiedlichen zeitlichen Belastung. Ungleich verteilt ist vor allem die emotionale Belastung, was sehr viel schwieriger wahrzunehmen ist und den Männern oft nicht einmal selbst auffällt. Die Verantwortung, in seiner selbständigen Tätigkeit immer genügend Aufträge und Zahlungseingänge vorweisen zu müssen, verfolgt diesen Mann bis in die Nacht.

Als falsche, ja als verlogene Schwäche lässt sich dagegen seine Befürchtung verstehen, von seiner Frau zu viel zu verlangen, wenn er sich wünscht, dass sie arbeiten geht. Sie entsteht daraus, dass er seine Bedürfnisse und seine Gefühle zurückhält. Sich in ängstlicher Abhängigkeit zu halten und nicht erwachsen seinen Mann zu stehen, macht auf Dauer krank. Natürlich kann es auch nicht darum gehen, dass der Mann nun plötzlich seine Bedürfnisse ohne Ansehung äußerer Umstände durchsetzt. Damit würde er seinen Anteil an der entstandenen Situation verkennen und sich vor seiner Verantwortung drücken. Dies wäre dann wiederum kranker Egoismus und eher ein Zeichen von fortbestehender Abhängigkeit. Aber er kann seine Bedürfnisse im Licht der realen Möglichkeiten prüfen und auf diese Weise seine Bedingungen setzen.

1. Tabuisierte Männlichkeit

Männer sollen sich nicht ändern

Es ist also festzustellen, dass es falsche und echte Stärke sowie verlogene und wirkliche Schwäche gibt. Beide Seiten zu unterscheiden, kann mitunter schwierig sein. Das letzte Beispiel hat gezeigt, dass konkretes Verhalten sogar beide Seiten zugleich enthalten kann und eine Situation sehr genau analysiert und aufgearbeitet werden muss, um falsche von echter Stärke, verlogene von wirklicher Schwäche zu unterscheiden. Die Schwierigkeit besteht zudem darin, dass die gesellschaftlichen Vorstellungen von männlicher Stärke und Schwäche oftmals irreführend sind. So wird als eines der zentralen Probleme des Geschlechterverhältnisses immer wieder angeführt, dass Männer zu external, zu außengeleitet seien. Damit soll gesagt werden, dass Männer immer stark sein wollen und zu wenig auf sich, ihre Gefühle und ihren Körper achten. Bei einer genauen Betrachtung ist dies natürlich keine Stärke, gerade wenn manche Männer die Angst vor ihrem eigenen Innenleben mit aufgesetzter Stärke zu kompensieren versuchen. Das heißt, es handelt sich bei diesem Befund eher um ein Zeichen von Schwäche.

Aufgrund meiner Erfahrung in der Männer- und Paararbeit kann ich dem weitgehend zustimmen. Daraus ergibt sich als Ziel einer guten Veränderung, dass Männer eine neue Blickrichtung lernen: Weniger auf das Außen achten und mehr auf das eigene Innenleben, den eigenen Körper, die eigene Seele. Gerade im Kontext von Männergesundheit ist dies von entscheidender Bedeutung. Nur Männer, die ihre wirklichen Defizite und Schwächen erkennen, können ihr Leben besser gestalten und sich notfalls auch gute Hilfe organisieren. Bei der angestrebten Veränderung geht es also darum, dass Männer falsche Stärke ablegen und zu echter Stärke gelangen, die das Eingeständnis wirklicher Schwäche einschließt.

Doch genau dieser Wechsel des Blicks wird bei genauerer Betrachtung in unserer Gesellschaft nicht gewünscht. Nach meinen Erfahrungen werden Männer, die beginnen, ihre Gesundheit zum Thema zu machen, verhöhnt, ignoriert und von der Politik missachtet. Und wie aus Äußerungen etwa von Politikerinnen deutlich wird, nehmen diese Haltung genau jene Frauen ein, die angeblich eine Änderung des Geschlechterverhältnisses anstreben. Das heißt, es gibt eine gesellschaftliche Erwartung, dass sich Männer ändern sollen, aber sie sollen das so tun, wie es der feministische Mainstream will: Sie sollen nicht auf ihre Bedürfnisse achten, denn das täten sie in ihrem männlichen Egoismus ohnehin zu viel. Vielmehr sollen sie noch größere Kraftanstrengungen unternehmen, die an sie gestellten Erwartungen besser zu erfüllen.

Was demnach gesellschaftlich von Männern erwartet wird, ist lediglich eine Verlagerung falscher Stärke. Auf keinen Fall sollen Männer echte Stärke *für sich* gewinnen. Nicht ohne Grund lässt sich in der gesellschaftlichen Diskussion die Haltung jener Frau wiedererkennen, die von ihrem Mann Stärke fordert – aber nur die Stärke, die sie will. Die vielen Forderungen an die sogenannten neuen Männer sind bei Licht betrachtet eine Fortschreibung der alten Verhältnisse, mit ein wenig neuer Tünche: Männer tut, was wir von euch verlangen, und achtet auch weiterhin bloß nicht darauf, was ihr wollt und was für euer Leben gut ist. Es geht im derzeitigen gesellschaftlichen Mainstream überhaupt nicht darum, dass Männer lernen, mehr auf sich zu achten.

Andererseits wird aber genau das den Männern zum Vorwurf gemacht, wenn es um männliche Not geht. Sie sterben ja

1. Tabuisierte Männlichkeit

deswegen früher und kommen beispielsweise auch mit Scheidungen nur schlecht zurecht, weil sie zu wenig auf ihr Innenleben schauen. So richtig dieser Befund häufig ist, er wird absurd durch die gegenteilige Erwartung, die an die Männer gerichtet wird. Da sollen sie ja gerade nicht auf sich achten, keine Forderungen stellen und sich vor allem als Verursacher gesellschaftlicher Fehlentwicklungen sehen. Im Kern geht es also darum, dass sich Männer *nicht* ändern! Genau dies ist die Erwartung der Frau in unserem Beispiel, die von ihrem Mann Stärke verlangte. Sie wollte, dass er seine Kraft besser als bisher dazu verwendet, ihr das Leben leichter zu machen. Es ging ihr keinesfalls darum, dass er sich wirklich ändert. Und genau so lässt sich auch die Haltung des gesellschaftlichen Mainstreams gegenüber den Männern zusammenfassen.

Diese Aufforderung zu einer scheinbaren Veränderung, die jedoch bei genauer Betrachtung nur die traditionelle männliche Grundhaltung perfektionieren möchte, findet sich auch in der aktuellen Diskussion um den modernen Mann. So werden immer mehr wissenschaftliche Untersuchungen durchgeführt und veröffentlicht, die darüber Auskunft geben sollen, wie viele Männer in ihrer Partnerschaft nach modernen und wie viele nach traditionellen Kriterien leben. Und je nach Fragestellung und Blick des Forschers gibt es mal mehr von den einen und mal mehr von den anderen. Die bereits erwähnte *Vorwerkfamilienstudie 2008* versucht zu beweisen, dass ein Großteil der Männer nichts gelernt hat und sie ihre Frauen zu wenig im Haushalt entlasten. Es gibt aber mittlerweile auch eine Reihe von Studien, die das Gegenteil zu belegen versuchen. So weisen beispielsweise Peter Döge und Rainer Volz in ihrer Untersuchung «Männer – weder Paschas noch Nestflüchter» nach, dass keinesfalls die Rede davon sein kann, dass

Männer die Hausarbeit allein ihren Frauen überlassen. «Männer verschwinden also keineswegs am Wochenende in ihrer Werkstatt; sie sind vielmehr – wie auch im Laufe der Woche – in vielen anderen Bereichen der Haus- und Familienarbeit aktiv»,[8] so schreiben sie. Doch die Richtung, aus der heraus solche Forschungsfragen gestellt werden, wird auch in diesen Studien kaum hinterfragt. Stets geht es darum, ob die Männer nun endlich lernen, die Erwartungen der Frauen zu erfüllen. Ein moderner oder wie es oft auch heißt, ein «neuer Mann» ist derjenige, der das tut. Dabei lässt sich sehr gut feststellen – und hier verweise ich auf eine eigene Untersuchung aus dem Jahr 2007[9] – dass Männern, egal ob sie sich mehr traditionell oder mehr modern verhalten, vor allem der Kontakt zu den eigenen Bedürfnissen, zum eigenen Wollen fehlt. Für das Gelingen einer Partnerschaft ist nicht so sehr entscheidend, wie die Familienarbeit aufgeteilt ist. Diese sollte gerecht auf alle Schultern verteilt werden, wobei hier ein umfassenderer Blick zu entwickeln ist, als ihn der Feminismus vorgibt. Einige wichtige Punkte dazu werde ich später noch erörtern, insbesondere wenn es um das Thema Vaterschaft geht. Entscheidender für gelingende Partnerschaft ist jedoch ein emotionales Miteinander. Und dies kann nur auf der Grundlage jeweils eigener Bedürfnisse entstehen. Nicht tun, was der andere will, sondern was man selbst will, ist die Grundlage einer guten Partnerschaft. Und genau dieser Aspekt wird in der Geschlechterdiskussion zumeist vernachlässigt und einem unsäglichen Machtkampf geopfert.

Es lässt sich demnach feststellen, dass innerhalb der gesellschaftlichen Diskussion von den Männern eine falsche Stärke gefordert wird. Eine Stärke, die sich am Außen orientiert, an dem, was vom Mann verlangt wird. Wirkliche Schwäche aber

1. Tabuisierte Männlichkeit

ist ebenso wenig gefragt wie wirkliche Stärke, auch wenn dies für die Männergesundheitsdiskussion entscheidend wäre. Der grüne Bundestagsabgeordnete Volker Beck wischte beispielsweise die Frage nach gesellschaftlichen Benachteiligungen von Männern auf einer Tagung seiner Partei zur Männergesundheit im Frühjahr 2008 mit der Bemerkung beiseite, das wäre ein «Imitieren der Frauenbewegung» und «Opferkonkurrenz».[10] Als sei es gar nicht mehr der Diskussion wert, worin denn nun real die Benachteiligungen von Frauen und Männern bestehen. Dass es diese auf beiden Seiten gibt, ist für mich unstritig. Aber es sollte endlich einmal zu unvoreingenommenen Diskussionen darüber kommen, worin sie jeweils bestehen und welche divergierenden Sichtweisen es dazu gibt. Dass Beck bei seiner Rede auch noch auf die Fördertöpfe der Frauenbewegung verwies, auf die Männer keinen Anspruch erheben sollten, kennzeichnet einen wesentlichen Aspekt des Problems. Es geht um Geld und es geht um die Pfründe, die über die Jahre geschaffen und besetzt wurden. Eine Entideologisierung der Geschlechterdiskussion hätte zur Folge, dass all dies infrage gestellt wird. Unter diesem Aspekt lässt sich auch verstehen, warum sich so viele Gleichstellungsbeauftragte gegen wirkliche Gleichstellung wehren und warum eine Zeitschrift wie *Emma* nicht ideologiefrei sein kann. Hier sind jeweils konkrete Berufskarrieren in Gefahr.

Doch ich will bei meinen Ausführungen die Frage des Geldes nicht an die erste Stelle setzen. Mir geht es vielmehr darum, die Beziehungsseite des Geschlechterdialogs darzustellen und Wege aufzuzeigen, wie Männer aus der bestehenden Kampfzone herausfinden können. Dazu ist zunächst einmal zu erkennen, dass die derzeitigen gesellschaftlichen Bedingungen diesem Ansinnen entgegenstehen. Der Geist, der das gegenwärtige

Geschlechterverhältnis bestimmt, versucht, auf dem Rücken der Männer zu einer Lösung des Gegeneinanders von Frauen und Männern zu gelangen. Dadurch geraten Männer in eine Sackgasse, die sich mit der beschriebenen Absurdität: «Ändert euch, aber bitte nicht wirklich!», kennzeichnen lässt.

Alles in allem lässt sich die gesellschaftliche Situation von Männern in den folgenden Punkten zusammenfassen:

1. Es fehlt an einer selbstverständlichen männlichen Identität in unserer Gesellschaft, die als positiv betrachtet wird.
2. Stattdessen werden Maßstäbe männlicher Stärke und Schwäche vermittelt, die falsch sind.
3. Männer sollen sich insofern ändern, als sie die an sie gestellten Erwartungen noch besser erfüllen. Sie sollen also ihre Außenorientierung beibehalten.
4. Eine gesellschaftliche Benachteiligung von Männern wird geleugnet, weil nicht sein kann, was nicht sein darf.

Veränderung muss von den Männern selbst ausgehen

Doch bei all dem darf nicht vergessen werden, dass Männer selbst diese gesellschaftliche Situation mitgestalten und weiterhin zu wenig daran ändern wollen. Und auch wenn ich keinesfalls der Meinung bin, das Problem im Geschlechterverhältnis seien allein die Männer, so sind sie es eben auch. Unter dem Blickwinkel der Veränderungsmöglichkeit, also der Frage, wie sich eine Veränderung dieser Situation durchsetzen lässt, bringt es auch nicht viel, über die gesellschaftlichen Bedingungen zu schimpfen. Ebenso wenig kann es darum gehen, in ähnlicher Weise, wie dies im Feminismus geschieht, die Veränderungen vom jeweils anderen Geschlecht zu verlangen. Ziel sollte es

1. Tabuisierte Männlichkeit

vielmehr sein, dass Männer lernen, sich zu verändern und auf diese Weise auch Einfluss auf die gesellschaftliche Situation zu nehmen.

Wenn wir also die derzeitige Situation von Männern in ihrer Gesamtheit analysieren, dann müssen wir feststellen, dass Männer

1. zu sehr darauf achten, was sie tun sollen;
2. oftmals gar kein Gespür dafür haben, was sie selbst – und wirklich nur sie selbst – wollen;
3. viel zu wenig für sich und ihre Bedürfnisse eintreten und dass dies
4. sowohl für Partnerschaften als auch für die gesellschaftliche und politische Öffentlichkeit gilt.

Die Vision meines Buches besteht demgegenüber darin, dass Männer lernen, sich selbst ernst zu nehmen; dass sie selbst zu Männerverstehern werden. Männer werden zumeist in Frauenversteher oder Ignoranten eingeteilt. Doch beide Kategorien orientieren sich zu wenig am Verständnis für sich selbst, die eigene Situation, die eigenen Bedürfnisse. Nur wenn Männer lernen, sich selbst zu verstehen, kann es gelingen, vom unsäglichen Geschlechterkampf zu einem dialogischen Miteinander zu gelangen. Das Tabu, von dem gute Männlichkeit in unserer Gesellschaft belegt ist, kann nur durch die Männer selbst aufgebrochen werden. Nicht, weil sie durch die patriarchalen Strukturen die Macht dazu hätten. Hier sehe ich vielmehr, dass das Besetzen vieler sogenannter Machtpositionen eher dazu führt, dass sich Männer lähmen und dadurch gerade nicht bereit sind, für sich selbst einzutreten. Das Erreichen der Machtpositionen ist immer mit der Forderung verbunden, das zu tun, was getan werden *soll*. Keiner der Topmanager tut das, was er will. Die hohe gesellschaftliche und vor allem finanzielle Anerkennung

ist ein eindeutiger Beleg dafür, dass Aufträge erfüllt werden.
Anzunehmen, dass Menschen in Führungspositionen das tun, was sie *für sich* wollen, ist ein Irrtum. Als ein Beleg schauen Sie sich bitte einmal Fotos von Helmut Kohl oder Gerhard Schröder zu Beginn ihrer Kanzlerschaft und an deren Ende an. Sie werden erkennen, wie viel Selbstaufgabe in der Art und Weise steckt, in der diese Männer ihre Aufgabe erfüllt haben.

Wenn also Männer lernen müssen, sich selbst ernst zu nehmen und die Tabuisierung von Männlichkeit aufzubrechen, dann sind sie zuallererst aufgefordert, nach innen und nicht nach außen zu schauen.

Das Problem ist die Abhängigkeit von Frauen

Erfahrungsgemäß gelingt es Männern immer dann besser, auf sich und die eigenen Bedürfnisse zu achten, wenn keine Frau dabei ist. Hintergrund dieser Feststellung ist nicht, dass Männer unter sich nichts anderes im Sinn haben, als sich ihrer Herrschaft über die Frauen zu vergewissern – auch wenn es Männerforscher gibt, die so etwas behaupten.[11] Natürlich gibt es Männertreffs, in denen Frauen herabgewürdigt werden. Aber sie sind keinesfalls Ausdruck von Stärke oder gar Herrschaft. Vielmehr äußert sich darin Hilflosigkeit, zu echter Stärke für sich selbst zu gelangen – in zugegebenermaßen unwürdiger Form.

Bei der Analyse solcher männerbündischen Erscheinungen werden von den besagten Männerforschern zwei Fehler gemacht. Zum einen werden sie als Ausdruck von Männlichkeit gesehen, was so jedoch nicht stimmt. Es handelt sich eher um verdeckte Schwäche, also um die Abwehr selbstbestimmter

1. Tabuisierte Männlichkeit

Männlichkeit. Die Abwertung und Herabsetzung von Frauen bei Männerzusammenkünften ist ein Ausdruck der Abhängigkeit von Frauen. Gerade weil sich die betreffenden Männer von Frauen abhängig fühlen und den ihnen mühsam erscheinenden Weg zu mehr Selbständigkeit nicht beschreiten wollen, reagieren sie sich auf diese Weise ab. Dies ist dann jedoch keinesfalls ein Indiz dafür, dass solche Männerbünde oder Männertreffs Ausdruck von Männerherrschaft sind, zumal sich derlei Entwertungen des anderen Geschlechts in gleicher Weise bei Frauen feststellen lassen und somit eher ein Symptom des herrschenden Gegeneinanders von Frauen und Männern sind. Selbst die Behauptung, Frauen würden mit ihrer Männerentwertung nur auf die von Männern praktizierte Frauenentwertung antworten, ist Unsinn und verkennt, dass Frauen erwachsene Menschen sind.

Der zweite Fehler derjenigen Wissenschaftler, die Gruppen, in denen Männer unter sich sind, per se Frauenentwertung vorwerfen, ist ihre Blindheit dafür, wie sehr sie selbst von Frauen abhängig sind und Angst vor männlicher Selbstbestimmung und Stärke haben. Denn lässt sich ansonsten einigermaßen rational erklären, dass diese Wissenschaftler behaupten, Männer seien ohne das Korrektiv von Frauen grundsätzlich frauenfeindlich? Männer werden nach dieser Anschauung zum natürlichen Feind der Frauen, wenn sie ihre Männlichkeit leben. Männlichkeit an sich ist also suspekt. Indem sie Männer, wenn sie ohne Frauen sind, als schwach und feindselig klassifizieren, glauben diese Forscher etwas über Männer allgemein zu sagen und sagen wahrscheinlich mehr über sich selbst, über ihr eigenes Mannsein.

Ich weiß natürlich, dass die These von einer grundsätzlichen Frauenentwertung durch Männer mit der kulturellen Entwicklung begründet wird. Weil die patriarchalische Gesellschaft so ist, wie sie ist, lässt sie dem Einzelnen keine Wahl. Ich bezweifle jedoch auch in diesem Fall die Gültigkeit dieser einseitigen Betrachtungsweise. Es ist undenkbar, dass die Geschlechterdynamik solche Einseitigkeiten hervorbringt, sodass in einer Gesellschaft allein die Männer die Täter, hingegen die Frauen ausschließlich Opfer sind. Es ist unvorstellbar, dass Männer kulturell geprägte Frauenfeinde sind, während Frauen in ihrem Männerhass nur auf die Frauenfeindlichkeit der Männer reagieren. Doch selbst wenn das wirklich so wäre, führte doch nur ein Weg aus dem Dilemma, und die Männer müssten diesen Weg *aus sich heraus* beschreiten.

Biologisches Mannsein und gesellschaftliche Konstruktion

Zu den Unsäglichkeiten der derzeitigen Geschlechterdiskussion gehört auch die seit Jahren mit hohem intellektuellen Eifer geführte Diskussion, wie stark Mannsein oder Frausein von der Biologie oder von gesellschaftlichen Einflüssen bestimmt wird. Auf der einen Seite stehen soziobiologische Erklärungen, die alle Geschlechtsunterschiede auf evolutionäre und damit biologische Gegebenheiten zurückführen möchten. Auf der anderen Seite stehen die Theorien der gesellschaftlichen Geschlechterkonstruktion, die biologische Einflüsse auf ein Mindestmaß reduzieren und Frausein und Mannsein vor allem als gesellschaftliche Produkte darstellen wollen, die über Sozialisationsprozesse das Individuum prägen und so zur Selbstverständlichkeit werden.

Das Unsägliche an dieser Diskussion ist, dass beide Seiten in Grenzen recht haben, sich jedoch so sehr hinter ihrer jeweiligen ideologisch bestimmten Position verschanzen, dass weder ein

1. Tabuisierte Männlichkeit

gemeinsamer Dialog möglich wird noch den Frauen und Männern, die ihre Geschlechtsidentität entwickeln wollen, geholfen ist. Denn natürlich ist es unhaltbar, die gesellschaftlichen Einflüsse auf unsere Bilder vom Frau- und Mannsein zu leugnen. Aber ein ebensolcher Unsinn ist es auch, die biologische Fundierung des Geschlechts zu bagatellisieren. Wenn beispielsweise eine Sozialwissenschaftlerin in einem Vortrag behauptet, operative Geschlechtsangleichungen würden zeigen, dass das biologische Geschlecht keine wirkliche Rolle spiele, dann diskreditiert sie sich selbst als eine Frau, die nicht weiß, wovon sie redet. Denn natürlich findet keine Geschlechts*umwandlung* statt. Aus einem Männerkörper wird kein Frauenkörper oder umgekehrt. Vielmehr handelt es sich bei diesen Operationen oder auch Hormonbehandlungen um Hilfskonstruktionen, die den Betroffenen das Leben erleichtern sollen. Aber das biologische Geschlecht wird nicht getauscht, und das hat natürlich auch deutliche Konsequenzen für das Leben dieser Menschen. Zwar wird die Wissenschaftlerin mit ihrer Ansicht, das biologische Geschlecht spiele überhaupt keine Rolle, eine Ausnahme darstellen, aber innerhalb der konstruktivistischen Theorien ist es üblich, unser biologisches Geschlecht als vergleichsweise unbedeutend zu charakterisieren.

Wollen wir aber auch nicht den Fehler begehen, wie manche Soziobiologen zu glauben, es sei alles durch Biologie vorherbestimmt, dann lautet die eigentliche Frage, wie sich das Verhältnis zwischen Biologie und gesellschaftlicher Konstruktion wirklich gestaltet. Hier gibt es derzeit keinen wirklichen Dialog zwischen den unterschiedlichen Wissenschaftsgebieten und Sichtweisen, weil vor allem ideologische, also gleichsam vorwissenschaftliche Meinungen und Grundentscheidungen vorherrschen. Nach meinen Erfahrungen, die ich als Sozial- und

Geisteswissenschafter im Dialog der Gesundheitswissenschaften gesammelt habe, ist jedoch das biologische Fundament größer, als die sozialwissenschaftliche Geschlechterdiskussion lange Zeit angenommen hat. Andererseits ist die Möglichkeit zur Modulation dieses Fundaments sehr groß.

Der Grundfehler der konstruktivistischen Theorie liegt allerdings nicht in der Analyse, dass Männlichkeit gesellschaftlich bestimmt sei, sondern in der Annahme, man könne dem entkommen. Das Zauberwort der Konstruktivisten lautet «Dekonstruktion», und damit wird behauptet, es gebe eine Möglichkeit, durch Negation realer oder auch nur vermeintlich herrschender Männlichkeitsvorstellungen einer eigenen Konstruktion von «richtigem Verhalten» zu entkommen. Dabei sind sowohl die Beschreibung von Männlichkeit als etwas per se Negativem als auch die Annahme, die Gestaltung des Mannseins sei grundsätzlich frei, undurchschaute Konstruktionen. Die oben bereits angesprochene Verunsicherung von Männern, denen die Gesellschaft kein positives Selbstbild vermittelt, wird in dieser Sichtweise als gut angesehen und als positive, weil dekonstruktive Entwicklung bewertet. Männern hingegen, die sich beispielsweise mit anderen Männern treffen und sich ihrer Männlichkeit auf traditionellen Wegen vergewissern, wird unterstellt, sie wollten sich der Infragestellung ihrer Männlichkeit entziehen. Mit der Gegenüberstellung von Konstruktion und Dekonstruktion wird sich der Konstruktivismus jedoch selbst untreu. Denn wenn das Geschlechterverhältnis grundsätzlich einer gesellschaftlichen Konstruktion unterliegt, dann ist auch die propagierte Beliebigkeit des Mannseins Konstruktion.

Dass es sich dabei um kein theoretisches Problem handelt, liegt auf der Hand. Denn die Folgen der unterschiedlichen Betrachtungsweisen sind enorm: Die soziobiologische Sicht,

1. Tabuisierte Männlichkeit

die davon ausgeht, dass Frau- und Mannsein fast ausschließlich biologisch festgelegt ist, führt in letzter Konsequenz zu einer Entmündigung von Frauen und Männern. Mit welchen Folgen, das zeigen die zahlreichen Comedy-Darbietungen, die alltägliche und offensichtlich weitverbreitete Absurditäten im Verhältnis von Frauen und Männern zum Thema machen. Aber das von diesen Darbietungen ausgelöste Lachen führt höchstens zu kurzzeitiger Entlastung, nicht jedoch zur Veränderung. Nimmt man die Aussagen ernst, dann ließe sich als Quintessenz natürlicher Weiblichkeit und Männlichkeit feststellen, dass Frauen sehr oft bösartig, Männer zumeist trottelig sind. Aber selbst wenn das wirklich die Erfahrung vieler wiedergibt, sollte dies eher dazu führen, dass uns das Lachen im Halse stecken bleibt. Denn es ist kein guter Zustand, der da beschrieben wird. Er schreit förmlich nach Veränderung.

Auf der anderen Seite stehen die Konstruktivisten, denen im Gegensatz zu den Soziobiologen alles formbar erscheint. Sie sehen sich als die modernen Wissenschaftler, die eine neue, bessere Gesellschaft und vor allem ein besseres Miteinander zwischen Frauen und Männern entwerfen. Der Denkfehler, dem sie unterliegen, ist hingegen sehr traditionell. Da für sie Männlichkeit nicht in der Biologie, also im Einzelnen fundiert ist, suchen und finden sie die Maßstäbe für das, was nun als «gut» konstruiert wird, wiederum im Außen, und nicht in der eigenen Geschlechtlichkeit und Geschlechtsidentität. Auch die Konstruktivisten finden ihre Maßstäbe in der von Menschen geschaffenen Gesellschaft und tun damit das, was sie den anderen vorwerfen – jetzt nur mit einer vermeintlich besseren Ethik. Zum anderen werden auf diese Weise die Möglichkeiten, aber auch die Nöte der Menschen missachtet, die sich diesem neuen Diktat nicht anpassen wollen und können. Denken wir beispielsweise an den Vorfall beim Verein «Dissens», der für seine pädagogische Arbeit mit dem Slogan «Der Dissens mit der HERRschenden Männlichkeit» wirbt. Einem Jungen, der selbstbewusst andere Auffassungen vom typischen Jungen- bzw. Mannsein als die Betreuer von Dissens vertrat, wurde gesagt, «dass er eine Scheide habe und nur so tue, als sei er ein Junge». Dieses Beispiel hatte durch einen *Spiegel*-Artikel Aufsehen erregt, wo es in den Kontext einer allgemeinen Kritik an der Politik der Gleichstellung der Geschlechter auf allen sozialen Ebenen, dem sogenannten Gender Mainstreaming, gestellt wurde. Dissens wehrte sich gegen die Darstellung mit der Behauptung, hier werde der eigenen Arbeit unrecht getan. Doch gerade die Begründung bestätigt unwillentlich den Vorwurf des ideologischen Missbrauchs: «Ziel unserer gesamten Arbeit ist es, Jungen zu stärken – auch dadurch, dass wir ihnen mehr Möglichkeiten eröffnen, auf ihr Mann-Sein zu schauen. Dies war auch die Absicht dieser irritierenden Intervention: Deutlich machen, dass es vielleicht Dinge gibt, die nur scheinbar so sind, wie sie erscheinen.»[12] Das Beispiel zeigt, dass es eben nicht um den konkreten Jungen geht, der durch die «irritierende Intervention» in seinen unmittelbaren Empfindungen verwirrt wird. Es geht vielmehr um eine Ideologie. Nicht das Ereignis selbst, sondern das Festhalten an der Meinung, dass dieser Umgang mit Kindern richtig sei, rechtfertigt den Vorwurf des Missbrauchs.

Der dritte und von mir verfolgte Weg besteht in einem dynamischen Verhältnis von Biologie und Konstruktion, von natürlichen Voraussetzungen und gesellschaftlichen Einflüssen. Diese Ansicht geht davon aus, dass auf Grundlage biologischer Gegebenheiten Frausein und Mannsein im jeweiligen gesellschaftlichen Kontext gestaltet werden müssen. Es gibt also

1. Tabuisierte Männlichkeit

zwei Bezugspunkte, die sich wechselseitig durchdringen: körperliche und seelische Gegebenheiten einerseits und gesellschaftliche Bedingungen andererseits. Dabei bildet die Biologie das Fundament. Soziale Einflüsse bauen auf diesem Fundament ein Gebäude. Dieses kann sehr unterschiedlich aussehen, darf aber keinesfalls die Gegebenheiten des Fundaments negieren, sonst wird das Gebäude unsicher und es droht der Einsturz.

So betrachtet sind Veränderungen im Geschlechterverhältnis durchaus möglich, es bestehen Gestaltungsspielräume. Deshalb stehen wir auch in der Verantwortung, diese in einer guten Weise zu verwirklichen. Die Maßstäbe dafür lassen sich jedoch nicht allein aus Außenorientierungen, also aus dem, was von dem Einzelnen erwartet wird, gewinnen, und erst recht nicht aus Ideologien. Die Maßstäbe finden sich vielmehr im Menschen selbst, das heißt in seinen körperlichen und seelischen Normen, die gelingendes und misslingendes Frausein und Mannsein markieren. Die zugegebenermaßen nicht leichte Aufgabe besteht darin, auf eine Entdeckungsreise zu gehen, worin diese biologischen Normen bestehen.

Eine Hilfe könnte dabei beispielsweise die geringere Lebenserwartung von Männern sein. Die «Klosterstudie» von Marc Luy[13] hat nachgewiesen, dass der biologische Unterschied in der Lebenserwartung von Frauen und Männern bei maximal einem Jahr zuungunsten der Männer liegt. Die restlichen etwa fünf Jahre markieren demzufolge gesellschaftliche Bedingungen. Wenn wir die Ursachen dieser Diskrepanz analysieren, könnten wir konkrete Anhaltspunkte für gelingendes Mannsein finden. Weitere Ansätze ließen sich in medizinischen Analysen entdecken, etwa bei Fragen sexueller Funktionsstörungen. Die gegenwärtige Zunahme von Impotenz wirft die

Frage nach den gesellschaftlichen Ursachen für dieses gesundheitliche Phänomen auf. Gleiches trifft für Bereiche der Psychotherapie, insbesondere der Körperpsychotherapie zu. Die Arbeiten von Wilhelm Reich haben nachgewiesen, dass sich seelische Beeinträchtigungen in muskulären Blockaden niederschlagen. Gelingendes Frausein und gelingendes Mannsein sollten sich daher auch auf dieser Ebene zeigen. Dabei ist der funktionelle Zusammenhang zwischen körperlichen Blockaden, Persönlichkeitsstörungen und gesellschaftlichen Fehlentwicklungen, wie sie sich beispielsweise in den Unterschieden in der Lebenserwartung zeigen, zu beachten.

Natürlich ist es nicht einfach, die biologischen Maßstäbe des Mannseins und des Frauseins in ihrer Komplexität zu beschreiben und als Grundlage gelingenden Frauseins und Mannseins zu verobjektivieren. Es geht bei all dem auch nicht um eine eindeutige Markierungslinie, die gelingendes von entfremdetem Frausein/Mannsein trennt. So wie es keine absolute Gesundheit gibt, gibt es auch kein «ideales Mannsein» oder «ideales Frausein». Trotzdem sollte die Tatsache, dass wir, wie Kant sagt, aus so krummem Holz geschnitzt sind, dass daraus nichts Gerades werden kann, uns nicht dazu verführen, die biologisch gegebenen Maßstäbe zu negieren und Beliebigkeiten zu propagieren. Das würde in der Konsequenz ja auch bedeuten, die Medizin abzuschaffen, nur weil wir nie absolute Gesundheit erreichen können. Ebenso sollte sich auch die Geschlechterdiskussion mit der Frage gelingenden Frauseins und gelingenden Mannseins auseinandersetzen, ohne gleich die ein für allemal gültige absolute Antwort zu erwarten.

1. Tabuisierte Männlichkeit

Ziel ist selbstbestimmtes Mannsein

Die Konsequenz aus dieser Sichtweise ist, dass wir uns auch innerhalb der Geschlechterdiskussion wieder stärker mit Entfremdung auseinandersetzen müssen. Dies jedoch nicht zuerst im Geschlechter*verhältnis*, etwa indem wir sagen: Frauen und Männer haben sich voneinander entfremdet. Vielmehr geht es um die Betrachtung des Frauseins und des Mannseins jeweils für sich. Die Formulierung könnte dann lauten: Männer haben sich von ihrem Mannsein entfremdet, Frauen von ihrem Frausein. Wobei eine derart allgemeine Aussage allein noch wenig nützlich ist. Vielmehr müssen wir analysieren, an welchen konkreten Punkten in unserer Gesellschaft Frausein und Mannsein gelingt und an welchen Stellen Defizite deutlich werden. Ich bin davon überzeugt, dass erst über eine getrennte Betrachtung der Geschlechter auch ein entspannteres Miteinander von Frauen und Männern möglich wird.

In den weiteren Ausführungen dieses Buches wird es vor allem darum gehen, wie gelingendes Mannsein aussieht, welche Begrenzungen erkennbar werden und was Männer konkret tun können – jeder für sich und alle gemeinsam –, um die gewonnenen Erkenntnisse umzusetzen. Ausgangspunkt ist die dargestellte tabuisierte Männlichkeit. Diese Tabuisierung umfasst beide Seiten: männliche Stärke und männliche Schwäche. Wenn wir uns auf den Weg begeben, falsche Stärken und verlogene Schwächen zu erkennen und abzubauen, gewinnen wir eine positive Geschlechtsidentität und mehr Handlungsfreiheit. Dieser eigene Weg eröffnet die Möglichkeit zu einem besseren Miteinander von Frauen *und* Männern. Partnerschaftlichkeit resultiert also keinesfalls aus dem Bemühen, im jeweils

Ziel ist selbstbestimmtes Mannsein

anderen die Maßstäbe für das eigene Handeln zu gewinnen. Und erst recht nicht in der Hoffnung, der andere möge sich ändern, damit wir endlich selbst glücklich sein können. Voraussetzung für Partnerschaftlichkeit ist vielmehr, den eigenen Weg zu gehen. Was das heißt, ist Thema der folgenden Kapitel.

Die Notwendigkeit, den eigenen Weg zu gehen, ist auch der tiefere Grund dafür, warum dies ein Männerbuch ist. Die Begründung liegt nicht darin, dass es Männern besonders schlecht geht und es daher ein Manifest der Männerbefreiung ohne oder gar gegen die Frauen geben muss. Es geht nicht um die Betonung irgendwelcher Ungleichheiten. Denn trotz aller Unterschiede zwischen Frauen und Männern kann ich keine qualitative Differenz zwischen beider Situation erkennen. Wenn ich feststelle, dass Männlichkeit in unserer Gesellschaft tabuisiert wird, dann verhält es sich mit der Weiblichkeit nicht anders. Auch hier lässt sich fundiert die These begründen, dass das, was die Gesellschaft den Frauen als «normale» Stärken und Schwächen vorgibt, zumeist falsche Stärke und verlogene Schwäche ist. Selbst die immer wieder geäußerte Meinung, Frauen hätten aufgrund der Frauenbewegung besser für sich sorgen gelernt, kann ich so nicht teilen, zumindest nicht grundsätzlich. Die bei Feministinnen immer wieder anzutreffende Haltung, die Männer bzw. die von Männern dominierte Gesellschaft müsse sich erst einmal ändern, damit es den Frauen besser gehe, ist eher konservativ und auf keinen Fall Ausdruck selbstbestimmten Frauseins. Nun gibt es innerhalb der Frauenbewegung sicherlich auch andere Tendenzen. Aber noch ist das Beispiel des Veranstaltungskalenders der Dresdner Gleichstellungsbeauftragten aus dem Jahr 2009 viel zu typisch. Zwar kann sich Dresden rühmen, neben den «Dresdner Frauengesprächen» auch die Reihe «Männer im Gespräch» anzubieten.

1. Tabuisierte Männlichkeit

Aber dabei kommt es eben zu einer bemerkenswerten Themenauswahl, wie etwa der:

- 4. November 2009: «Männer im Gespräch» – Veranstaltung zum Welttag des Mannes: «Fußball und Gewalt. Ein männliches Phänomen?»
- 25. November 2009: «Dresdner Frauengespräche» – Veranstaltung zum Internationalen Tag gegen Gewalt an Frauen: «Sextourismus – schnelle Nummer ohne Folgen?»

Nun sind beide Themen wichtig und die jeweilige Problematik soll auch keineswegs verharmlost oder gar geleugnet werden. Aber in dem einseitigen Blick auf die männliche Gewalt in beiden Veranstaltungen offenbart sich doch, wie bequem und wie verbreitet die Ansicht ist, die Männer müssten sich endlich ändern, damit sich die Gesellschaft zum Besseren entwickeln kann. Eine solche Haltung kennzeichne ich als verlogene Schwäche. Sie ist nicht weniger problematisch wie eine falsche Stärke, die ebenfalls keineswegs ausschließlich Männersache ist, wie etwa ein Bericht des *ZDF Auslandsjournals* belegt:

> In dem Bericht wurden Amerikanerinnen vorgestellt, die bei der US-Army im Irak dienten. Unter anderem wurde von einer Ausstellung in New York berichtet, die das Leben von 50 dieser Frauen zeigt. Die Ausstellungsmacherin sagte in einem Interview, dass alle diese Frauen nicht als Opfer gesehen werden wollen, sondern als Kämpferinnen. Das wird in der Reportage als positiv gesehen: Drei Viertel der Amerikaner würden es begrüßen, wenn Frauen in der Armee ihren Kriegsdienst tun. Das sei ein deutliches Zeichen dafür, dass sich in der amerikanischen Gesellschaft das Geschlechterverhältnis zum Guten wende.

Es soll also keine falsche Alternative aufgemacht werden. Frauen wie Männer müssen sich gleichermaßen auf Entdeckungsreise begeben. Unsere Gesellschaft bietet in all ihrer Verwirrung beiden Geschlechtern keine guten Identitäten, keine wirklich fassbaren Visionen eines positiven Selbstbildes und damit eines besseren Miteinanders. Dass dies aber dringend notwendig ist, daran habe ich nicht den geringsten Zweifel. Die Scheidungszahlen sprechen für sich, ebenso wie die bereits angesprochenen zahlreichen Darstellungen des Geschlechtergegeneinanders in der Comedy-Szene. Aber auch die Paarberatungen, die ich gemeinsam mit meiner Frau durchführe, legen Zeugnis ab sowohl von der Sehnsucht nach guter Partnerschaft und vom Wunsch nach Veränderung als auch von der Ratlosigkeit, wie das anzustellen sei. In aller Regel wird unglücklichen Paaren empfohlen, ihre Kommunikation zu schulen und mehr auf die Bedürfnisse der Partnerin bzw. des Partners einzugehen. Wir glauben jedoch nicht, dass damit das wirkliche Problem erfasst ist oder gar die Schwierigkeiten aus dem Weg geräumt werden können. Vielmehr sollte es darum gehen, dass beide, Frau und Mann, sich jeweils *für sich* entwickeln. Erst auf Basis eines selbstbestimmten und vor allem selbst verantworteten Lebens ist ein Miteinander überhaupt möglich. In diesem Buch geht es um den einen Part, um den des Mannes.

2.
Männer in Beziehung

Als ich wie ein Vogel war, der am Abend sang
Riefen alle Leute nur: Sonnenuntergang!
Alle Vögel sind schon da – keiner der das rief
Ohne Stimme flog ich fort, als schon alles schlief

Irgendwann will jeder mal raus aus seiner Haut
irgendwann denkt er dran, wenn auch nicht laut

Als ich wie der Himmel war überm Rosenstrauch
Setzte mancher sich und sprach: Rosen blühen auch
Ach, wie ist der Himmel blank – keiner kam darauf
Fiel mein Regen auf die Bank, standen alle Leute auf

Irgendwann will jeder mal raus aus seiner Haut
irgendwann denkt er dran, wenn auch nicht laut

Keiner hörte, als ich sang, man sah das schöne Wetter
Fiel mein Regen auf die Bank, man sah die Rosenblätter
Meine Stimme sprang beim Sonnenuntergang so schön wie Rosenblätter
Fiel mein Regen auf die Bank, mein Himmel wurde krank und auch mein Wetter

Lied der Klaus Renft Combo: **Als ich wie ein Vogel war**[14]

2. Männer in Beziehung

Eine selbstverständliche Sicht auf Männer

Dieses Lied drückt – obwohl schon über dreißig Jahre alt – exemplarisch die gegenwärtige Situation von Männern aus. In den beiden Strophen wird geschildert, wie sehr sich dieser Mann bemüht, sein Leben zu leben und zu gestalten. Er will Vogel und Himmel sein und auf diese Weise mit anderen Menschen in Kontakt kommen. Er will etwas anbieten. Er will leben und kraftvoll sein. Doch er macht die Erfahrung, dass nur ein Teil von ihm gewollt ist, ja, dass selbst das nur indirekt wahrgenommen wird. Lediglich die Ergebnisse seines guten Tuns werden gesehen und genossen – jedoch auf einer unpersönlichen Ebene. Der Vogelgesang wird nicht beachtet, aber der schöne Sonnenuntergang, zu dem der Vogelgesang als ein wichtiger Teil dazugehört, wird gewürdigt. Die blühenden Rosenblätter werden bewundert. Aber der Himmel, der sie erst ermöglicht, wird gar nicht angeschaut. Beachtet wird dagegen der Regen, der die Leute veranlasst, aufzustehen und fortzugehen.

Nun ist es natürlich fraglich, ob die in diesem Lied geschilderten Erfahrungen auf jeden Mann und jede Situation zutreffen. Sicher lassen sich auch andere, manchmal völlig gegenteilige Beispiele finden. Verallgemeinerungen haben immer das Problem, dass sie nicht jeder Erfahrung gerecht werden. In meiner langjährigen Männerarbeit aber habe ich die in dem Lied geschilderte Situation so häufig angetroffen, dass sie mir bei aller gebotenen Vorsicht verallgemeinerungswürdig erscheint. Es ist eine häufige Erfahrung von Männern, dass sie in ihrer Lebendigkeit wenig wahrgenommen werden. Willkommen sind zwar die guten Ergebnisse ihres Handelns. Aber das Handeln selbst wird eher als selbstverständlich hingenommen. Auf der anderen Seite finden die negativen oder auch nur die vermeintlich negativen Seiten männlichen Handelns in aller Regel Beachtung und stoßen auf Ablehnung. Eines der zentralen Probleme in unserer Gesellschaft ist, dass Männlichkeit per se negativ bewertet wird. Um als Mann für gut befunden zu werden, muss man schon ein liebenswerter Trottel sein, der dann auch noch durch eine Frau erlöst wird

Sehr gut ist das in Kinofilmen zu sehen. Eines der jüngsten Beispiele dafür ist der französische Film *Willkommen bei den Sch'tis*. Ein liebenswerter Trottel, der Briefträger, ist unsterblich in eine Kollegin verliebt, eine wirklich schöne Frau. Und auch wenn sie zunächst nichts von ihm wissen will, weil er sich gar zu tollpatschig verhält, gelingt es ihm am Ende doch, ihr Herz zu erobern. «Erobern» ist jedoch ein völlig irreführendes Wort. Es gelingt ihm vielmehr mithilfe des Leiters der Postfiliale, sich ein wenig von seiner Mutter zu distanzieren. Denn die beiden Frauen stehen in einem Konkurrenzverhältnis. Und zudem leuchtet ja auch ein, dass kein Mann sich einer Frau wirklich zuwenden kann, wenn er unter dem Pantoffel seiner Mutter steht. Aber dass er nun den einen Pantoffel gegen den anderen austauscht, bringt ihn auch nicht wirklich weiter. Der Mann löst sich von seiner Mutter nicht aus dem Grund, weil er seinen eigenen Weg gehen will und es mit Mitte dreißig auch höchste Zeit dafür ist. Er tut es für die Frau. So wird in dem Film gezeigt, dass das Paar nur dann zusammenkommen kann, wenn er endlich den Erwartungen der Frau entspricht. Was wird uns hier an vermeintlich positiven Männerbildern zugemutet! Und der Film ist so gestaltet, dass der Zuschauer dies unweigerlich gut findet. Doch glauben Sie bitte nicht, dass dieser Film eine Ausnahme darstellt. Die Bewertungen, die er vornimmt, sind so sehr die Regel, dass sie kaum noch auffallen.

2. Männer in Beziehung

In den meisten Filmen ist kein Klischee zu dumm, um zu bestätigen, dass von den Männern zumeist nichts Gutes kommt und sie einer Frau bedürfen, die sie auf den rechten Weg bringt.

Aus einer Männergruppe:
Erster Mann: Also, meine Partnerin beschwert sich immer, dass ich nicht aus dem Knick komme. Ich habe auch selten Lust, was zu unternehmen. Und Ideen habe ich auch keine. Auch wenn meine Partnerin dann kommt und mit mir spazieren gehen will, habe ich selten Lust. Manchmal gehe ich auch mit und dann ist es oft schön. Aber erstmal habe ich selten Lust. Und meine Partnerin beschwert sich immer, dass ich so antriebslos bin und keine eigenen Vorschläge mache.
Zweiter Mann: Na, da schlag doch mal was vor. Vielleicht willst du ja auch mal in irgendeine Ausstellung gehen. Schlag das doch einfach vor.
Erster Mann: Ach, im Grunde will ich meine Ruhe haben. Auch auf der Arbeit habe ich wenig Ideen und will einfach in Ruhe mein Ding machen. Aber zu Hause. Meine Partnerin meckert nur noch rum.
Dritter Mann: Na, ich weiß nicht, ob das bei dir das Gleiche ist. Aber bei mir ist es kaum zum Aushalten. Ich habe mir immer ein eigenes Haus gewünscht und war froh, dass auch meine Frau das wollte. Nun haben wir es und manchmal wächst mir die Arbeit über den Kopf. Es gibt so viel zu tun und auch das Geld ist knapp. Da müssen wir sehen, wie wir Schritt für Schritt vorankommen. Und da habe ich mir einen Kopf gemacht, wie das Bad gestaltet werden kann. Es muss bezahlbar sein und wir müssen uns trotzdem wohlfühlen. Na und da mache ich mir Gedanken und komme auf eine gute Idee, von der ich das meiste auch gut umsetzen kann. Dann gehe ich zu meiner Frau und sage ihr: «Komm mal mit. Ich möchte dir zeigen, wie ich mir das mit dem Bad vorstelle.» Und ohne, dass ich damit rechnen kann, meckert die plötzlich los: «Ja, wenn du schon alles entschieden hast, brauche ich gar nichts mehr zu sagen. Da kannst du gleich alles allein machen.» Ich

Eine selbstverständliche Sicht auf Männer

weiß da gar nicht, wie ich reagieren soll. Ich werde völlig kalt erwischt und die Wut steigt in mir hoch. Ich wollte doch gar nicht alles bestimmen. Ich hatte nur eine Idee entwickelt und weiß ja auch über manches besser Bescheid. Und ich merke, dass ich gar nicht mit ihr weiterreden brauche. Ich verliere da alle Lust. Ich gehe dann weg und lasse alles liegen. Und nach einer Woche beschwert sie sich, dass es in unserem Haus nicht vorangeht.

Vierter Mann: Ich kenne so was auch. Da sitze ich abends da, bin froh, dass alles gut geschafft ist. Ich habe gerade unsere Tochter ins Bett gebracht und setze mich ins Wohnzimmer und lese. Da kommt meine Frau rein und fragt mich irgendwas, es ging – glaube ich – um den Geburtstag einer Freundin in der nächsten Woche. Ich habe auf die Frage zwar geantwortet, aber war für den Eindruck meiner Frau nicht aufmerksam genug. Sofort versucht sie mich, weiter in das Gespräch zu verwickeln. ‹Sag mal, das interessiert dich wohl gar nicht? Es geht doch um unser beider Geschenk. Ich besorge es schon. Da kannst du auch ein wenig mitdenken.› Ich sage, dass ich gerade lesen wollte. Aber das wurde gar nicht akzeptiert. Und schon waren wir im heftigen Streit. Zum Schluss verließ ich das Wohnzimmer und schlug die Tür heftig hinter mir zu. Darauf kam unsere Tochter noch aus ihrem Zimmer und sagte, dass sie nicht schlafen könne, und da war die Stimmung völlig versaut …

Dieses Gespräch ist typisch für Männer, die allmählich aufwachen und ihre Unzufriedenheit mit der Situation entdecken, in der sie leben. Aber ebenso typisch ist, dass sie in erster Linie mit der Unzufriedenheit ihrer Partnerin unzufrieden sind. Die meisten Männer würden sich gar nicht beschweren, wenn sie nur in Ruhe gelassen werden. Der Tenor des Männeraustauschs lautet dann auch: Wenn die Frauen nicht so viel erwarteten, würde es in der Beziehung besser laufen.

2. Männer in Beziehung

Selbstverständlich lassen sich die angesprochenen Probleme differenziert betrachten. Zu fragen ist beispielsweise, warum der erste Mann sich selbst als antriebslos sieht. Was steckt dahinter, wie unzufrieden ist er selbst mit der Situation und was bräuchte er, um aus seiner eigenen Unzufriedenheit herauszufinden? Oder bei Mann 4: Wie könnte er dafür sorgen, dass er in Ruhe lesen kann, welche Bedingungen müsste er dafür schaffen? Im Allgemeinen arbeite ich in den Männergruppen auch so, dass die jeweilige Situation analysiert und eine differenzierte Lösung gefunden wird. Das oben stehende Gespräch ist hier jedoch nicht in der Absicht wieder gegeben, auf den Einzelnen, sondern auf das ihnen Gemeinsame zu fokussieren. Alle Männer, die an diesem Gespräch teilgenommen haben, könnten gemeinsam das Renft-Lied singen: Sie bemühen sich doch, sie wollen nichts Schlechtes. Aber gesehen wird vor allem Negatives.

Wenn Männer Veränderung wollen

Den ersten Schritt zu einem selbstbestimmten Mannsein sind die Männer bereits gegangen. Sie haben verstanden, dass es nicht darum gehen kann, es den Frauen etwas besser recht zu machen. Über dieses Stadium sind sie – Gott sei Dank, möchte ich sagen – hinaus. Die letztlich erfolglosen Versuche, ihre Frauen zufriedenzustellen, indem sie sich immer mehr bemühen, deren Ansprüchen gerecht zu werden, haben sie hinter sich gelassen. Die meisten kommen ja gerade deswegen in die Männergruppe, weil sie die Erfahrung der Vergeblichkeit eines solchen Unterfangens machen mussten.

Mit diesem Schritt sind sie letztlich weiter als die sogenannten kritischen Männerforscher, die genau das, wissenschaftlich

Wenn Männer Veränderung wollen

verbrämt, immer noch versuchen. 1987 hat der britische Soziologe Jeff Hearn, einer der Mitbegründer der kritischen Männerforschung, bis heute vertretene «Prinzipien» dieser Forschung formuliert. Sie belegen eindrucksvoll, wie sie sich bemüht, es den mit ihrer Situation unzufriedenen Frauen noch mehr recht zu machen.

1. Männer sollen die Autonomie der Frauenforschung respektieren, was nicht heißen soll, umgekehrt eine Autonomie der Männerforschung einzufordern.
2. Männerforschung soll Frauen und Männern offenstehen.
3. Das vorrangige Ziel der Männerforschung ist die Entwicklung einer Kritik an männlicher Praxis, zumindest teilweise aus feministischer Sichtweise.
4. Männerforschung ist interdisziplinär anzulegen.
5. Männer, die Männerforschung betreiben, müssen ihre Praxis des Forschens, Lernens, Lehrens und Theoretisierens hinterfragen, um nicht die patriarchale Form eines desinteressierten Positivismus zu reproduzieren. Ziel ist eine Bewusstseinserweiterung der Männer.[15]

Als ehemaliger DDR-Bürger werde ich natürlich hellwach, wenn innerhalb einer Wissenschaft Prinzipien aufgestellt werden, die festlegen, was bei der Wahrheitssuche nicht getan werden darf: Eine Forschung, die sich autonom der Situation von Männern zuwendet, darf es laut der «kritischen Männerforschung» nicht geben. Ausnahmslos soll es um die Kritik an männlicher Praxis und keinesfalls auch um eine Bewusstseinserweiterung von Frauen gehen.

Bezieht man die Prinzipien der kritischen Männerforschung auf das dargestellte Gespräch der Männer, so führt dies zu folgender Schlussfolgerung: «Ehe ihr euch über eure unzufriede-

2. Männer in Beziehung

nen Partnerinnen beschwert, überlegt doch erst einmal, was ihr selbst falsch macht.» Diese Schlussfolgerung kann jedoch nicht ernsthaft in Betracht gezogen werden. Zwar haben Frauen nicht per se unrecht, wenn sie sich über «die männliche Praxis» beschweren. Aber sie haben auch nicht per se recht. An dieser Stelle wäre die bereits angesprochene differenzierte Analyse der Situation zu leisten. Als Ausgangspunkt bleibt indessen festzustellen, dass niemand allein wegen seines Geschlechts in einer Auseinandersetzung recht oder unrecht hat. Die oftmals geforderte Parteilichkeit (allerdings immer zugunsten der Frauen) als Grundvoraussetzung der Geschlechterdiskussion wäre nur dann sinnvoll, wenn die gesellschaftlichen und privaten Beziehungen wirklich so eindeutig wären, wie vom Feminismus behauptet. Doch ist dies schon deshalb zu bezweifeln, weil die daraus abgeleiteten Ansprüche in keiner Weise zu einer Befriedung des Geschlechterverhältnisses geführt haben.

Der Versuch, auf die geäußerten Unzufriedenheiten und Ansprüche mit der Strategie zu reagieren, es dem Kritiker, in diesem Fall der Frau, recht zu machen, ist schon deshalb verfehlt, weil sie zu heilloser Überforderung führt. Das müssen auch die kritischen Männerforscher irgendwie ahnen, wenn sie selbst zugeben – wie ich es in mehreren Vorträgen erlebte –, dass ihre eigene Praxis hinter den selbst gesteckten Zielen zurückbleibt. Doch ihr Trick besteht darin, dass sie sich den Frauen andienen, indem sie die Solidarität mit ihren Geschlechtsgenossen aufkünden, um so vor den Frauen als besserer Mann dazustehen. Und wenn sie sich dann noch ordentlich Asche aufs Haupt streuen, da es ihnen schließlich schwer falle, aus den gesellschaftlichen Normen des Patriarchats auszubrechen, können sie trotz ihrer Unvollkommenheit auf ein mildes Urteil hoffen.

Wenn Männer Veränderung wollen

Wie gesagt: Die Männer, die sich in der Männergruppe trafen, sind über solche Vorstellungen hinaus. Sie wollen nicht per se ein schlechtes Gewissen haben, sondern ihr Verhalten differenziert betrachten. Sie möchten sich auch nicht den Frauen andienen, indem sie andere Männer in die Pfanne hauen. Sie wollen vielmehr, dass sich etwas an *ihrer* Situation ändert. Deswegen suchen sie ja die Gemeinschaft einer Männergruppe. Und dies ist auch der zentrale Punkt, der eine solche Männergruppe von «Männerbünden» trennt: Es geht um Veränderung – und nicht darum, sich einfach über die Frauen das Maul zu zerreißen, dann nach Hause zu gehen und das alte Spiel weiterzuführen. Männer, die sich nicht ändern wollen, entlasten sich vielleicht kurzzeitig, indem sie untereinander ihre frauenfeindlichen Klischees pflegen. Doch sie gelangen damit zu keinem besseren Leben – weder für sich noch in der Partnerschaft. Vielmehr unterstreichen sie auf diese Weise ihre tiefe Abhängigkeit, aus der sie sich nicht zu lösen vermögen.

Unter dem Blickwinkel der Abhängigkeit zeigt sich, dass zwei an sich völlig verschiedene Verhaltensweisen gegenüber der Partnerin lediglich zwei Seiten einer Medaille sind. In einer kindlichen Weise abhängig von ihrer Partnerin sind sowohl die Männer, die mit hohem Energieaufwand versuchen, es ihr recht zu machen und ihre Unzufriedenheit zu mildern. In gleicher Weise abhängig sind aber auch die Männer, die ihren Frauen mit Hass bis hin zur Gewalt begegnen. Unter ethischen Gesichtspunkten sind Hass und Gewalt natürlich viel eindeutiger abzulehnen als sich anzudienen. Psychodynamisch hingegen ist Gewalt der untaugliche Versuch, sich aus einer tiefen Abhängigkeit zu lösen, in die sich der betreffende Bediener resigniert verstrickt hat. Ethisch ist Gewalt zu verurteilen und strafrechtlich muss sie sanktioniert werden. Im Geschlechterverhältnis aber führen beide Formen gleichermaßen nicht weiter. Für Männer wie für Frauen wird dadurch keine Entlastung erreicht.

Um noch einmal auf das zu Anfang zitierte Lied zurückzukommen: Die Männer der Männergruppe sind an dem Punkt angelangt, an dem sie in den Refrain einstimmen: «Irgendwann will jeder mal raus aus seiner Haut. Irgendwann denkt er dran, wenn auch nicht laut.» Sie gestehen sich ihre Unzufriedenheit ein und nehmen sich vor, aus dem bisherigen Leben auszubrechen. Sie wollen sich nicht abfinden mit der problematischen Situation, sondern etwas verändern.

Wann Männer unzufrieden werden

Männer gelangen an diesen Punkt häufig erst dann, wenn sie durch die Unzufriedenheit der Partnerin darauf gestoßen werden. Anstoß nehmen sie dann vor allem an den Äußerungen der Unzufriedenheit ihrer Frau. Dies bedeutet, sie sind nicht grundsätzlich unzufrieden mit ihrer Partnerschaft oder ihrem Leben; es wird ihnen einfach zu viel, wie die Frau ihre Unzufriedenheit äußert, und sie wollen dies nicht mehr aushalten. Oder, was mindestens ebenso häufig geschieht, die Unzufriedenheit der Frau wird so groß, dass sie sich trennen will. Zahlreiche Männer reagieren überhaupt erst, wenn die Partnerschaft kurz vor dem Scheitern steht. Sie sagen dann in der Paarberatung, dass sie eigentlich ganz zufrieden mit der Partnerschaft gewesen seien, aber jetzt würden sie merken, dass die Frau leidet. Und so schlussfolgern sie, dass sich etwas ändern muss – und sei es nur wegen des Leidens der Frau.

Interessanterweise deckt die Paarberatung bei diesen Paaren in der Regel auch eine tiefe Unzufriedenheit auf Seiten der

Männer auf. Aber das braucht fast immer Zeit. Diese Männer müssen zumeist erst dazu ermutigt werden, sich diese Unzufriedenheit auch eingestehen zu dürfen. Offenbar haben es sehr viele Männer gelernt, die eigene Unzufriedenheit hinzunehmen und sich am besten erst gar nicht richtig bewusst zu machen. Auch hier findet sich das falsche Stärkeverständnis wieder. Denn es ist natürlich kein Ausdruck von männlicher Kraft, die eigene Unzufriedenheit tief in der Seele zu begraben.

Es ist interessant zu beobachten, dass durchaus auch viele Männer griesgrämig und knurrig sind oder vor anderen Menschen bösartige Bemerkungen zu ihrer Frau machen. Sie scheinen also ebenfalls unzufrieden zu sein. Werden sie jedoch darauf angesprochen, beteuern sie oft, dass sie dies gar nicht so meinten und ihr Verhalten keinesfalls ein Ausdruck ihrer Unzufriedenheit sei. Die Peinlichkeit ihres Verhaltens nehmen sie oft selbst nicht wahr. Wenn wir die Antwort der Männer ernst nehmen, dann müssen wir dieses Verhalten als unbewussten Ausdruck von Unzufriedenheit sehen, mit dem die Unzufriedenheit zugleich kompensiert und niedergehalten wird. Es ist also ein Unterschied, unzufrieden zu sein und sich diese Unzufriedenheit vor sich selbst und vor anderen einzugestehen.

Insgesamt finden nur wenige Männer in die Paarberatung, weil sie selbst mit der Partnerschaft unzufrieden sind und sich das auch bewusst machen. Wenn sie sich trennen, dann begeben sie sich häufig sofort in eine neue Beziehung. Die Unzufriedenheit mit der alten Partnerschaft äußert sich so durch die Sehnsucht, es in der neuen nun besser zu haben. In den seltenen Fällen, in denen Männer von sich aus die Initiative zu einer Paarberatung ergreifen, hat dies häufig damit zu tun, dass die Partnerin beispielsweise über eine Affäre bereits unumstößliche Tatsachen geschaffen hat. Doch fast immer gilt, dass ner in einer halbwegs funktionierenden Partnerschaft nur selten etwas ändern wollen. Sie sind darauf konditioniert, standzuhalten und sich mit Wenigem zufriedenzugeben. Selbst wenn sich der Frust noch vergrößert, suchen sie keinesfalls gleich die Auseinandersetzung. Lieber weichen sie auf Ventile aus, die ihnen gesellschaftlich angeboten werden: Sie stürzen sich in die Arbeit, gehen zu Prostituierten, besaufen sich, machen bösartige Bemerkungen oder alles zusammen. Selbst Suizide sind ein solches Ventil. Männer töten sich fast dreimal so häufig wie Frauen. Der zentrale Punkt in dieser Hinsicht findet sich einmal mehr in dem eingangs zitierten Lied formuliert: «Irgendwann denkt er dran, wenn auch nicht laut.» Dass Männer Unzufriedenheit und den Wunsch nach Änderung empfinden, bedeutet noch lange nicht, dass sie dies auch «laut» tun und vernehmlich artikulieren.

Vielen Männern fällt es enorm schwer,
1. ihre Unzufriedenheit in und mit ihrem Leben zu spüren,
2. sich diese Unzufriedenheit einzugestehen und
3. sie dann auch noch gegenüber der Umwelt zu artikulieren.

Andere sollen das Lebensglück bringen?

Hier scheint ein grundlegender Unterschied zwischen Frauen und Männern zu bestehen, der sich auch in der unterschiedlichen Lebenserwartung niederschlägt. Er hat weniger mit der Qualität der Lebensunzufriedenheit zu tun, also mit konkreten inhaltlichen Differenzen im Leben von Frauen und Männern. Ich bin fest davon überzeugt, dass es allen bestehenden gesellschaftlichen Unterschieden zum Trotz, weder Männern noch Frauen qualitativ besser oder schlechter geht. Das funktionierende gesellschaftliche Zusammenspiel zwischen den Geschlechtern, vor allem aber die Art, wie heterosexuelle Paarbeziehungen in unserer Kultur gestaltet werden, zeigen, dass es ein Gleichgewicht zwischen Frauen und Männern gibt. Der Unterschied besteht nicht in einer besseren oder schlechteren Lebensqualität, sondern darin, dass Frauen ihre Unzufriedenheit nicht nur deutlicher empfinden, sondern sie auch artikulieren und damit in die Offensive gehen. Das allein wirkt bereits gesundheitsfördernd! Denn es entlastet, wenn auch nicht in der Tiefe.

Die Männer unserer Männergruppe haben dieses Stadium jedoch ebenfalls erreicht. Sie haben sich durchgerungen, ihre Unzufriedenheit zu spüren und zu artikulieren. In diesem Punkt haben sie zu den Frauen aufgeschlossen – bleiben allerdings wie diese auch auf diesem Niveau stecken.

Der Weg zu dieser Haltung verlief unterschiedlich. Der eine war in ständigem Streit mit seiner Frau. Dies wurde beiden zu viel und so haben sie sich an uns mit der Bitte um Paarberatung gewandt. Im Laufe der Paarberatung wurde dem Mann bewusst, dass er etwas für sich tun muss, weil er zu wenig darauf achtet, was er selbst will. Deshalb reagierte er zunehmend unwilliger, wenn seine Frau mit ihren Ansprüchen kam: «Immer will die was.» Er sah ein, dass dies so nicht weitergehen konnte.

Ein anderer Mann wandte sich an mich, weil er einmal mehr am Ende einer gescheiterten Partnerschaft stand. Er wollte vor allem verstehen, was er selbst wieder falsch gemacht hatte und wie er dies ändern könne. Denn trotz aller Enttäuschungen wünschte er sich auch weiterhin eine gelingende Partnerschaft. Ein dritter kam, weil ihn seine Frau geschickt hatte. Sie war bereits seit längerer Zeit in Therapie und hatte daraus einiges an Erkenntnissen für sich selbst gezogen. Nun wollte sie, dass das Gleichgewicht zwischen ihnen beiden wiederhergestellt

2. Männer in Beziehung

wurde. Also sollte auch der Mann etwas für sich tun. Zunächst allerdings musste bei diesem Mann die Eigenmotivation entwickelt werden; denn Entwicklung setzt voraus, dass man sich auch entwickeln will. Dies gelang, indem ihm deutlich wurde, dass es neben den Wünschen seiner Frau auch eigene Wünsche geben durfte. Die Männergruppe wurde so eine gute Möglichkeit, die eigenen Bedürfnisse weiterzuentwickeln und zu überlegen, wie er sie im Alltag vertreten konnte. Ein vierter Mann war in eine tiefe Lebenskrise geraten und hatte deshalb stationäre Psychotherapie in Anspruch genommen. Dort hatte er sich intensiv mit sich selbst auseinandergesetzt. Er nutzte die Männergruppe nun, um die gewonnenen Einsichten im Alltag umzusetzen und sich dafür immer wieder Kraft zu holen. Alle vier Männer waren also auf unterschiedlichen Wegen dazu gelangt, «raus aus ihrer Haut» zu wollen – ihr Leben zu verändern und dies auch offen zu vertreten.

Doch einen entscheidenden Schritt hatten sie noch nicht getan: Sie erwarteten immer noch, dass die Umwelt ihre Veränderung akzeptierte. Sie hofften immer noch darauf, dass sie dabei bestätigt und auch unterstützt werden. Sie waren mithin immer noch nicht bereit, die volle Verantwortung für ihr Leben zu übernehmen!

Schauen wir uns noch einmal das Lied an: «Alle Vögel sind schon da – keiner der das rief», heißt es da, oder: «Ach wie ist der Himmel blank – keiner kam darauf.» Diese Klage in Richtung der anderen, diese Beschwerde über die Welt, wie sie ist, macht deutlich, dass das Lebensglück von anderen erwartet wird. Darin liegt die Hoffnung, jemand anderer könne für Zufriedenheit, Offenheit, Anerkennung oder gute gesellschaftliche Strukturen sorgen. Unter diesem Blickwinkel wird die im Lied geschilderte Lebendigkeit plötzlich fragwürdig. Singt dieser Mann etwa nur, um gut gefunden zu werden? Lässt er seinen Himmel nur deshalb strahlen, um Anerkennung zu bekommen? Oder geht es um die eigene Lust am Leben, um die Freude an der eigenen Kraft? In diesem Fall hätte er es aber nicht nötig, sich darüber zu beschweren, dass andere dies nicht wahrnehmen. Davon wäre er dann frei. Um im Bild des Liedes zu bleiben: Der Vogel singt für sich, der Himmel strahlt für sich. Wenn andere sich daran erfreuen, ist es okay, wenn nicht, ist es auch in Ordnung.

Die Beschwerden der Männer über die Erwartungen und die Unzufriedenheit ihrer Partnerinnen mögen im Hinblick auf eine «objektive Analyse» gerechtfertigt sein oder nicht. Das ist aber gar nicht das wirkliche Problem dieser Männer. Vielmehr zeigen sie durch ihre Äußerungen, dass ihr Blickwinkel nicht stimmt. Sie achten immer noch zu sehr darauf, wie ihre Partnerin reagiert, was sie sagt und will. Das Problem ist, dass sie dadurch weiterhin von ihr abhängig bleiben. Folgen wir ihren Aussagen, dann ließe sich für sie nur dann ein Ausweg finden, wenn sich endlich die Partnerin ändern würde. «Ich bemühe mich ja, meinen Mann zu stehen. Aber meine Frau meckert so oft herum», lautete die Aussage von einem der Männer. Doch darin äußert sich der gleiche abhängige Geist, wie er uns unter umgekehrten Vorzeichen so oft im Feminismus begegnet.

Miteinander durch Eigenständigkeit

Wir sind hier am entscheidenden Punkt des Geschlechterverhältnisses angelangt. Er markiert die scharfe Grenze zwischen Krieg und Frieden, zwischen Feindschaft und Partnerschaftlichkeit. Und damit handelt es sich auch um den

2. Männer in Beziehung

entscheidenden Punkt des Mannseins: Sind Männer in ihrer Gesamtheit und vor allem jeder für sich bereit, die volle Verantwortung für ihr Leben zu übernehmen? Sind sie bereit, sich *und erst einmal nur sich* ernst zu nehmen? Sind sie bereit, ihre Potenz zu leben und zu zeigen – ohne gleich zu fragen, ob das gewünscht oder wenigstens akzeptiert wird? Die Konsequenzen, die sich daraus ergeben, sind vielfältig und erfordern – ich sagte es bereits – differenzierte Betrachtungen für die konkreten Situationen. Aber was an dieser Stelle zählt, ist die grundsätzliche Haltung, ist die Sichtweise, die in der konkreten Situation die richtigen Maßstäbe hervorbringt.

Um es an einem – zugegebenermaßen extremen – Negativbeispiel zu verdeutlichen:

Aus der Dresdner Morgenpost vom 10. Februar 2005:
«Tödliches Familiendrama in Torgau: Weil sie sich immer über seine nächtlichen Hustenanfälle aufregte, hat ein asthmakranker Rentner seine Ehefrau (72) erstickt. Gestern Morgen stellte sich Arno Z. (83) der Polizei. ... In der Vernehmung stellte der an Asthma erkrankte Arno Z. die Tat als Eskalation eines Dauerstreits dar. Demnach habe sich seine Frau immer über seine nächtlichen Hustenanfälle aufgeregt. So auch in der Nacht zu gestern, wo der um Luft ringende Arno seine Gattin gegen 3 Uhr aus dem Schlaf hustete. Auf das Gemeckere seiner Frau hin platzte dem Rentner diesmal der Kragen. Er schlang ihr die Schnur des Rollos um den Hals und zog mit den Worten zu: ‹... damit du mal erlebst, wie Asthma ist›. Kurz darauf drückte Arno seiner Ruth noch ein Kissen aufs Gesicht. Offensichtlich ein paar Minuten zu lang – denn nach dem simulierten ‹Asthmaanfall› blieb die Frau regungslos liegen.»

Bei diesem Paarstreit und der tödlichen Eskalation geht es nicht um ein Kommunikationsproblem. Es ist auch nicht so, dass die

Frau allein schuld wäre – oder der Mann. Es handelt sich hier um eines der typischen Beispiele dafür, dass beide in ihren Emotionen zu verstehen sind. Natürlich fühlt sich die Frau gestört, wenn sie Nacht für Nacht aus dem Schlaf gehustet wird. Und natürlich kann der Mann sein Asthma nicht einfach abstellen, auch wenn die Frau das meckernd verlangt. Ich kann mir richtig vorstellen, wie sich dieser Mann in der Männergruppe beschweren würde, wenn er an ihr teilnähme. Es ginge ihm allerdings nicht darum, wie ein «kritischer Männerforscher» unterstellen würde, über seine Frau zu schimpfen. Nein, er leidet wirklich. Er würde seine Not schildern, wie ihn nachts das Asthma schüttle; schon das allein mache ihn fertig. Und dann komme noch seine Frau und meckere, weil sie nicht schlafen könne. Aber was soll er denn tun? Der Mann wünscht sich nichts sehnlicher, als dass das Asthma aufhört. Und wenn das schon nicht funktioniert, dann soll wenigstens seine Frau ruhig sein. Er verlangt ja noch nicht einmal, dass sie ihm hilft.

Parteilichkeit wäre hier völlig fehl am Platz. Denn auf wessen Seite sollten wir uns denn stellen? Die der Frau oder die des Mannes? Wenn der Mann sein Schicksal schildert, entsteht schnell Mitgefühl für seine Not. Aber wenn dieses Mitempfinden dazu führt, dass wir uns mit ihm solidarisieren und die Frau für schuldig erklären, führt dies dazu, dass die Auseinandersetzung eskaliert. Denn auch die Frau leidet und ihre Not ist ebenso berechtigt wie die des Mannes. So wichtig Mitgefühl mit der Not des Mannes ist, so wichtig ist es andererseits auch, ihn an seine Verantwortung für die Situation zu erinnern. Hilfeleistung bestünde dann in gemeinsamen Überlegungen, wie diese Verantwortung wahrzunehmen ist. Es wird deutlich: Beide hätten es in der Hand gehabt, die tödliche Eskalation zu verhindern. Da beide das Problem kannten, sollten sie auch

2. Männer in Beziehung

beide in der Lage gewesen sein zu entscheiden, dass das Schlafen in einem gemeinsamen Zimmer in dieser Situation nicht gut ist. Es hätte die Möglichkeit gegeben, dass einer von beiden im Wohnzimmer auf der Couch übernachtet. Vielleicht hätten auch Kinder oder Nachbarn vorübergehend helfen können. Aus meinen jahrelangen Erfahrungen in Paar- und Einzelberatung weiß ich, dass es in solchen Situationen immer einen Ausweg gibt. Man muss ihn nur gehen. Und dafür hätten beide – und zwar jeder für sich – die Verantwortung übernehmen können.

Mitempfinden mit der Not des einen darf also nicht dazu führen, sich *gegen* den anderen zu wenden. Natürlich sind immer auch Situationen denkbar, in denen nur einer von beiden schuldig ist. Aber diese Situationen sind äußerst selten und sie machen weder vor Männern noch vor Frauen halt. Selbst dann jedoch ist der andere keineswegs von der Aufgabe entbunden, zu reagieren und dadurch die Situation zu beeinflussen.

> **Ein Paar, das etwa zwei Monate vor der Geburt des ersten Kindes in die Paarberatung kommt:**
> Beide schildern, dass sie sich sehr gern haben und sich auf ihr gemeinsames Kind freuen. Aber es gibt im Alltag immer wieder Streit wegen Kleinigkeiten. Und das möchten sie verbessern, ehe das Kind geboren und die Situation dadurch vielleicht noch schwieriger wird. Sie wollen ihre gegenseitigen Erwartungen aneinander klären.
> **Frau:** Ich bin unzufrieden mit meinem Mann. Ich weiß ja, dass er beruflich viel zu tun hat und deshalb oft ziemlich spät nach Hause kommt. Aber mich macht es irgendwie wütend, dass ich permanent das Gefühl habe, aktiver für die Familie zu sein.
> **Mann:** Das stimmt irgendwie, aber ich halte mich doch an das, was wir ausgemacht haben.

Frau: Ja, aber du brauchst allein für das Bad zwei Stunden. Wenn ich in dem Tempo den Haushalt machen würde, dann würde ich nie fertig.

Mann (schaut zu uns): Na, ich mache das Bad so gründlich, um ihr damit Anerkennung zu geben. Ich will meins tun und es richtig machen, um meiner Frau zu sagen, dass ich anerkenne, was sie tut.

Berater: Das verstehe ich gerade nicht. Wieso wollen Sie Ihrer Frau Ihre Anerkennung ausdrücken, indem Sie das Bad machen?

Mann: Na, wir haben uns die Verantwortungsbereiche aufgeteilt. Und ich mache das Bad. Ich will das ja auch, weil mir das Badsaubermachen Spaß macht, meiner Frau hingegen überhaupt nicht. Und indem ich das Bad richtig sauber mache, erkenne ich das an, was sie tut.

Berater (zur Frau): Was ist denn Ihr Revier?

Frau: Ich mache die anderen vier Zimmer.

Berater: Aber das ist doch sehr ungleich verteilt.

Frau: Ich habe immer wieder erlebt, dass mein Mann weniger im Haushalt macht.

Mann: Ich bin ja auch beruflich mehr eingespannt.

Frau: Das stimmt. Trotzdem hat mich seine Unzuverlässigkeit geärgert. Er erledigte, was vereinbart war, oft mit Verspätung, und ich hatte nicht das Gefühl, mich auf ihn verlassen zu können. Da habe ich gesagt, er soll nur das Bad machen und den Rest mache ich. Ich bin ohnehin aktiver für die Familie.

Beraterin: Und wenn er das Bad macht, dann ist das für Sie eine Anerkennung?

Frau: Na ja, irgendwie schon. Ich habe das Gefühl, dass ich für all das, was ich mache, keine Anerkennung bekomme. Als würde er das nicht richtig schätzen.

Mann: Das stimmt ja so nicht. Ich schätze schon, was du tust.

Frau: Aber ich merke das nicht so. Ich finde, was ich tue, wird so selbstverständlich hingenommen. Und da sollte er wenigstens das Bad

2. Männer in Beziehung

machen. Das macht mir ohnehin keinen Spaß, und wenn er das zuverlässig macht, ist das wie eine Anerkennung.
Beraterin: Und wirkt das? Fühlen Sie sich wirklich anerkannt, wenn er das Bad macht?
Frau: So richtig nicht. Wenn er am Sonnabendvormittag so lange im Bad rummacht, dann geht das immer von unserer Zeit weg und das ärgert mich auch. Na ja, aber ich lobe ihn immer, wenn das Bad gründlich sauber ist.
Berater: Warum denn das?
Frau: Na, er macht das doch auch richtig gut. Und ich will eigentlich auch mal Lob bekommen für das, was ich tu. Wenn ich zum Beispiel Blumen auf den Abendbrottisch stelle, dann sieht er das gar nicht.
Berater: Das heißt, Sie loben ihn, damit er sie auch lobt?
Frau: Ja, schon.

Dieser Ausschnitt aus einer Paarberatung verdeutlicht sehr schön, wie absurd sich oftmals das Miteinander von Paaren gestaltet und wie schwierig das Miteinander der Beteiligten dadurch wird. Die nüchterne Betrachtung, wer was und wie viel im Haushalt tut, wird mit der Hoffnung auf Anerkennung vermischt. Das Thema Anerkennung wird für das Paar so zum entscheidenden Punkt. Die Frau wünscht sich Anerkennung von ihrem Mann und ist dafür bereit, sinnlose Zugeständnisse zu machen und absurde Kommunikation zu betreiben. Sie macht deutlich mehr in der Wohnung, weil sie es aufgegeben hat, «immer hinter ihm her zu sein und ihn ermahnen zu müssen». Aber sie will wenigstens Anerkennung dafür. Sie möchte, dass ihre Arbeit gesehen und sie gelobt wird. Um dies zu erreichen und den Mann gleichzeitig an seine Pflicht zu erinnern, lobt sie seine Badreinigung. Auf unsere Nachfrage hin sagt sie, dass sie sich «richtig blöd» vorkomme, ihn für eine Selbstverständlichkeit zu loben und gleichzeitig selbst kaum etwas zurückzubekommen. Der Mann wiederum hat, wie der weitere Gesprächsverlauf ergibt, extrem viel um die Ohren. Er hat eine eigene kleine Firma und die Sorge darum beschäftigt ihn auch noch zu Hause. Dort hat er den Wunsch, nicht so gefordert zu sein. Zugleich plagt ihn das schlechte Gewissen seiner Frau gegenüber – aber nicht, weil er so wenig tut, sondern weil er ihr so selten Anerkennung für ihre Haus- und Familienarbeit gibt. Dabei ist er selbst fast süchtig nach Anerkennung. Er arbeitet in seiner Firma ja auch für die Familie und möchte, dass dies anerkannt wird.

Diese Konstellation ist bestens geeignet, sich gegenseitig das Leben schwer zu machen. Beide haben sich aufrichtig gern, das ist ihnen anzumerken. Aber beide erhoffen sich auch, durch den anderen Anerkennung zu erhalten und sich dadurch gut zu fühlen. Anerkennung für das, was man tut, ist jedoch eine Zugabe. Sie sollte keinesfalls das Fundament von Partnerschaft sein. Hausarbeit muss gerecht aufgeteilt werden. Dabei müssen natürlich alle Aspekte einbezogen sein, sodass es nicht zu Ungerechtigkeiten kommt. Doch dass die Frau in diesem Beispiel bereit ist, mehr zu tun, als sie eigentlich für gerecht hält, ist vergiftete Zuwendung. Denn sie möchte dafür einen emotionalen Ausgleich erhalten. Dies kann aber so nicht funktionieren. So ist ihre Unzufriedenheit vorprogrammiert. Wenn auf der anderen Seite der Mann das Bad macht, «um ihr damit Anerkennung zu geben», ist dies ebenso absurd. Es ist seine normale und vereinbarte Aufgabe. Das als Akt der Anerkennung zu bezeichnen, ist verlogen.

Es ist also sehr wichtig, dass die notwendigen Haus- und Familienarbeiten weitgehend emotionsfrei und in klaren Absprachen aufgeteilt werden. Dabei sollten sowohl eine übergeordnete Sicht als auch individuelle Vorlieben und Abneigungen Berücksichtigung finden. Das Badsaubermachen, das ihm – im Gegensatz zu ihr – ganz gut gefällt, ist ein Beispiel dafür. Entscheidender jedoch ist die emotionale Seite des Problems, das Thema der Anerkennung. Auch in unserem Lied ist dieses Thema zentral, insofern es von der Enttäuschung handelt, in seinem Tun nicht wahrgenommen zu werden. Auch die Männer der Männergruppe sind ärgerlich, weil ihre jeweiligen Partnerinnen nicht wirklich sehen, wie ernsthaft und gut sie sind. Für unser Paar scheint dieses Thema so wichtig zu sein, dass sich daraus ein Dauerkonflikt zu entwickeln droht.

Aber wie ließe sich denn eine Lösung erzielen? Offensichtlich fällt es dem Mann schwer, seiner Frau ab und an Anerkennung für das von ihr Geleistete zu geben. Vermutlich würden eine Reihe von Paartherapeuten an diesem Punkt arbeiten und ihn zu mehr Zuwendung, sie dagegen zu mehr Bescheidenheit ermahnen. Doch was wäre es wert, wenn der Mann genötigtermaßen erklärte, wie gut er ihre Arbeit findet? Kann sie ihm dann wirklich trauen? Und wie soll er ihr Familienengagement gut finden, wenn er im Unklaren darüber ist, ob sie es als Druckmittel verwendet? Doch selbst wenn sich beide darauf einließen – das Gebilde wäre sehr fragil. Entweder beide treffen eine Vereinbarung, dass er sie zum Beispiel zweimal die Woche lobt und einmal im Monat Blumen mitbringt – und darüber müsste dann Buch geführt werden (ein wahrhaft absurder Gedanke). Oder irgendwann greift der Alltag wieder und sein Engagement wird erneut geringer bzw. ihre Erwartung größer. Schon aus Gründen der Handhabbarkeit führen solche Lösungsstrategien zu nichts. Sie sind eher eine Möglichkeit, dass ewige Geplänkel fortzusetzen und die Paartherapeuten in das Spiel mit einzubeziehen. Sie können nur Schiedsrichter spielen, also sich auf eine Seite schlagen, oder irgendeinen faulen Kompromiss aushandeln. Professionell ist das nicht.

Erwachsene Liebe

Wozu jedoch überhaupt Anerkennung für das Selbstverständliche erwarten? Wer sich aufrichtig über eine Handlung oder eine Geste des anderen freut, soll es natürlich äußern. Aber die Erwartung von Anerkennung zerstört auf Dauer die Beziehung. Maßgabe sollte sein, volle Verantwortung für das eigene Leben zu übernehmen und nicht das Lebensglück vom anderen zu erwarten. Der amerikanische Paartherapeut David Schnarch nennt das «Differenzierung in der Partnerschaft»; es ist die Grundvoraussetzung für erwachsenes Miteinander.

David Schnarch schreibt:
«Die Differenzierung des eigenen Selbst, die Abgrenzung zum anderen Menschen und die reife, erwachsene Liebe entstehen auf der Basis von vier ausschließlich menschlichen Fähigkeiten:
- Die erste Fähigkeit der Differenzierung besteht darin, dass eine Person auf engstem Raum mit dem für sie wichtigen Menschen, der sie zur Übereinstimmung mit ihm zwingt, ein solides Selbstgefühl bewahrt. Unter einem soliden Selbstgefühl versteht man das internalisierte Selbst eines Menschen, dessen Stabilität nicht davon abhängt, was andere über ihn denken. Die meisten Menschen sind auf ein gespiegeltes Selbstgefühl angewiesen, das von den anderen Akzeptanz, Bestätigung und Entgegenkommen verlangt. Ein solides Selbst dagegen ist ein durchlässiges und flexibles Selbst, das die Einflüsse anderer annehmen kann, ohne seinen Orientierungssinn und seine Zielrichtung zu verlieren ...

2. Männer in Beziehung

- Die zweite Fähigkeit der Differenzierung besteht darin, dass eine Person ihre Ängste selbst steuert und ihre Schmerzen selbst lindert ...
- Die dritte Fähigkeit der Differenzierung besteht darin, dass eine Person auf die Angst und Reaktionsbereitschaft des Partners nicht überreagiert (aber auch nicht indifferent bleibt). Ruhig zu bleiben, wenn der Partner den Kopf verliert, verlangt von einem Menschen Standfestigkeit ...
- Die vierte Fähigkeit der Differenzierung besteht darin, dass eine Person um der persönlichen Entwicklung willen Unbehagen auf sich nimmt, d. h. die Befriedigung eines Bedürfnisses aufschiebt und zuerst ‹ihre Schulden bezahlt›, um das Gewünschte zu bekommen.»[16]

Erstaunlicherweise sind Schnarchs Einsichten in unserer Gesellschaft kaum verbreitet. Studenten, mit denen ich an der TU Dresden zu Partnerschaftsvorstellungen arbeite, fragen mich regelmäßig, wozu Partnerschaft dann überhaupt noch gut sei, wenn man sich nicht mehr gegenseitig Anerkennung gebe und Vertrauen und Verständnis sekundär seien. Doch diese Fragen zeigen genau das Problem. Von einer Partnerschaft wird von Frauen wie von Männern vor allem die Erfüllung kindlicher Bedürfnisse erwartet. Der andere soll für mich da sein, er soll Verständnis haben und mir Vertrauen entgegenbringen. Dies sind Erwartungen, die Kinder zu Recht an ihre Eltern haben dürfen. In einer erwachsenen Beziehung sind sie jedoch sekundär, wenn nicht sogar schädlich. Denn kindliche Erwartungen in einer Partnerschaft haben die Eigenschaft, dass sie nicht wirklich erfüllbar sind. Über ein Lob oder ein anerkennendes Wort kann sich der Partner eine Weile freuen. Aber wenn Anerkennung *erwartet* wird, befriedigt dieses eine Wort nie wirklich. Vielmehr öffnet sich ein Fass ohne Boden. Niemandem wird es gelingen, solche Bedürfnisse dauerhaft zu befriedigen. Ja, die partielle Erfüllung kann sogar dazu führen, den Durst danach noch mehr zu entfachen. Deshalb fällt es ja dem anderen so schwer, sich auf dieses Spiel einzulassen. Er muss befürchten, dass ein Thema eröffnet wird, welches nie zu einem Abschluss kommt.

Dies soll keine grundsätzliche Polemik gegen Anerkennung sein. Natürlich ist es schön, wenn der Partner Verständnis für die Situation des anderen hat und sich ihm aufmerksam zuwendet. Aber erstens sollte es nicht erwartet werden, weil dann diese Zuwendung nicht in Freiheit geschieht. Wie wir in dem Beispiel gesehen haben, ist dann die Versuchung nicht weit, den Partner zu manipulieren und auf diesem Wege in die Falle absurder Kommunikation zu tappen. Und zweitens muss die Begrenzung partieller Zuwendung ausgehalten werden. Aus einem Blumenstrauß erwächst kein Anspruch auf ein wöchentliches Blumengeschenk, aus einem Lob kein Recht darauf, stets gelobt zu werden.

Zudem ist der Sinn einer erwachsenen Partnerschaft vielmehr im Miteinander zu sehen, in der gegenseitigen Erleichterung des Lebens, in freundlichen Kontakten, im gemeinsamen Schaffen, in sexuellen Begegnungen. Nicht die Verhinderung des Frustes sollte das Miteinander bestimmen, sondern die Erhöhung der Freude und der Lust am Leben. Natürlich schließt das auch gegenseitige Zuwendung und Hilfe mit ein. Aber diese sollte begrenzt sein und nicht uferlos zwischen den Partnern hin und her diffundieren.

2. Männer in Beziehung

Eigenständige Männlichkeit

Unter diesem Gesichtspunkt wird die Aufgabe, die sich den Männern stellt, noch einmal deutlicher. Es kann nicht darum gehen, von der Partnerin zu erwarten, dass sie sich mir in besonderer Weise zuwendet und «mich glücklich macht». Es geht aber auch nicht darum, ihr zu Diensten zu sein. Zuallererst geht es weder um ein Für- noch um ein Gegeneinander. Es geht um sich selbst. Und genau deshalb ist die Aufforderung so wichtig: Männer, nehmt euch ernst!

Aus einer Paarberatung:
Frau: Ich ertrage es einfach schwer, wenn mein Mann nicht sagt, was er will. Gerade nach der letzten Beratungsstunde hatte ich ein schlechtes Gewissen, dass ich immer bestimme, was getan wird. Und da habe ich ihn gefragt, was wir zum Valentinstag machen wollen. Klar war schon zwischen uns, dass wir den Tag gemeinsam verbringen, wir haben da beide frei. Aber unklar war noch, was wir konkret tun. Und da habe ich ihn gefragt, ob wir lieber essen gehen oder lieber zu Hause bleiben wollen. Er hat dann gesagt, dass er sich beides vorstellen kann. Doch da hat es mir schon wieder gereicht. Er sagt einfach nicht, was er will.
Beraterin: Na, da stecken Sie schon wieder in der Falle drin. Wenn Sie ihn so offen fragen, dann kann er nur dann klar antworten, wenn er bereits sicher weiß, was er will. So verpacken Sie mit Ihrer offenen Frage eine Aufforderung, die schnell zum Streit führen kann. Sagen Sie, was Sie wollen. Dann kann er sich dazu verhalten. ...
Berater (zum Mann gewandt): Aber nun zu Ihnen. Es mag ja sein, dass sich Ihre Frau schwierig verhält. Aber das entbindet Sie natürlich nicht davon zu sagen, was Sie wollen.

Eigenständige Männlichkeit

Mann: Jaja, das stimmt schon. Aber was ich will, weiß ich nicht immer so richtig.

Berater: Okay. Dann probieren wir es einfach mal. Was wünschen Sie sich denn vom Valentinstag? Wie soll der Tag nach Ihren Vorstellungen ablaufen?

Mann: Na, meine Frau beschwert sich immer, dass ich früh so lange brauche. Dabei denke ich, wir sollten uns nicht immer solchen Stress machen. Wir haben doch immer solchen Stress.

Berater: Und was heißt das für den Valentinstag konkret?

Frau (dazwischen): Genau so ist das immer. Er sagt immer, was er nicht will, aber nicht, was er will.

Berater (zur Frau): Gut. Aber das ist jetzt ein Gespräch zwischen Ihrem Mann und mir. (Und zum Mann) Was also sind Ihre Wünsche für den Valentinstag? Es geht erst einmal nicht darum, ob diese Wünsche sich einfach umsetzen lassen, und auch nicht, was Ihre Frau dazu sagt. Sprechen Sie einfach von Ihren Wünschen.

Mann: Also, ich möchte mir früh Zeit lassen. Und ich möchte auch nicht, dass wir über die Arbeit sprechen.

Berater: Machen Sie es bitte konkret. Wann wollen Sie beispielsweise aufstehen?

Mann (herausplatzend): Am besten, wenn wir aufwachen. Den Wecker lassen wir einfach aus. Und dann noch Kuscheln.

Berater: Was heißt das?

Mann: Na, ich würde dann am liebsten mit ihr schlafen. Das haben wir am Anfang unserer Beziehung öfter gemacht, aber nun schon lange nicht mehr. Und dann möchte ich in Ruhe aufstehen und lange mit ihr frühstücken … (er entwirft mithilfe des Beraters den ganzen Tag).

Berater: Und wie fühlen Sie sich, wenn Sie sich den ganzen Tag auf diese Weise ausmalen?

Mann: Eigentlich gut. Aber das ist auch ungewohnt. Mir fällt es immer leichter zu sagen, was mir nicht gefällt. Aber das führt dann oft zum

2. Männer in Beziehung

Streit. Meine Frau ist immer so schnell mit ihren Ideen, da komme ich nicht mit, mir ist das zu schnell. Das sage ich ihr dann auch.
Berater: Was sagen Sie ihr?
Mann: Ich sage ihr, dass es mir zu schnell geht und mir das so nicht gefällt.
Berater: Aber mehr sagen Sie dann nicht?
Mann: Nein.
Berater: Eine solche Aussage ist unanständig. Denn Sie werfen Ihrer Frau einen Brocken zu und sie muss dann sehen, wie sie damit zurechtkommt. Also: Wenn Sie merken, dass Ihnen Entscheidungen Ihrer Frau zu schnell gehen, sagen Sie zunächst nichts. Überlegen Sie stattdessen erst einmal für sich, was Sie wollen. Sind Sie mit der Idee Ihrer Frau einverstanden oder wollen Sie etwas anderes? Und wenn das so ist, dann überlegen Sie sich, was Sie konkret wollen. Erst dann gehen Sie zu Ihrer Frau und sagen ihr das.

Aus einer anderen Paarberatung:

Mann: Meine Frau hat ganz viele Ideen wegen unserer Hochzeit. Sie entwirft die Einladung und macht sich viele Gedanken. Mir ist das ja mit der Einladung nicht so wichtig. Also ich meine, welche Schriftart genommen wird und solche Dinge. Das kostet immer viel zu viel Zeit.
Berater: Und wie reagieren Sie darauf?
Mann: Na, ich lass' sie halt machen. Sie weiß halt, was sie will.
Berater: Aber genau das ist der Punkt! Sie wissen doch auch, was Sie wollen. Sie wollen nicht so viel Zeit auf die Einladungen verwenden. Da aber Ihre Frau das will, lassen Sie sie einfach machen. Doch hier müssen Sie aktiv werden. Sie sind beide zu uns in die Beratung gekommen, weil es mit Ihrer Sexualität nicht so gut läuft. Das wollen Sie bis zu Ihrer Hochzeit besser hinbekommen. Aber stattdessen lassen Sie Ihre Frau Einladungen basteln. Und dann kommen Sie hierher und

Eigenständige Männlichkeit

klagen, dass Sie keine Zeit hätten, sich, wie vereinbart, gegenseitig zu massieren ...

In beiden Beispielen fällt es dem jeweiligen Mann sehr schwer, die eigenen Bedürfnisse zu artikulieren. Doch beide Male zeigt sich auch, dass die Männer durchaus eigene Bedürfnisse haben. Diese sind auch keinesfalls überzogen oder gar gegen die Partnerin gerichtet. Im zweiten Beispiel läge das vielleicht nahe, weil die Partnerin weiter an den Einladungen basteln will, was dem Mann zu viel wird. Aber andererseits gibt es eine gemeinsame Vereinbarung, die beide zu uns in die Paarberatung geführt hat: Sie wollen an ihrer Sexualität arbeiten, die schon vor der Hochzeit fast völlig eingeschlafen ist. Ohne auf die Einzelheiten dieses Paares und dieser Beratung eingehen zu wollen, sei darauf verwiesen, dass es eine «Hausaufgabe» gab, die aus Zeitmangel nicht umgesetzt wurde. Hätte der Mann sein Bedürfnis eindeutig vertreten, wäre das vielleicht für beide eine Hilfe gewesen, die «Hausaufgabe» einzuhalten.

Aber auch ohne Kenntnis dieses Kontextes: Wenn der Mann sein Bedürfnis offen vertritt, ist das nicht gegen die Frau gerichtet. Er macht damit nur etwas, was die Frau auch tut. Warum aber fällt ihm das so schwer? Warum ist er selbst davon überzeugt, dass er sich damit gegen die Frau stellen würde? Warum glaubt er gar, dass seine Impulse nicht so bedeutsam sind? Die Antworten auf diese Fragen werden im dritten Kapitel zu finden sein. An dieser Stelle geht es erst einmal darum zu erkennen, wie wichtig es ist, dass Männer eigenständig ihren Bedürfnissen nachgehen und sie dann vertreten.

Eigenständige Männlichkeit setzt sich aus zwei Schritten zusammen: Erstens muss geklärt sein, was Mann will. Es geht darum, die eigene Position zu finden. Dabei ist es wichtig, sie

2. Männer in Beziehung

von den Erwartungen anderer weitgehend frei zu halten. Dies wird natürlich nie ganz gelingen. Denn einerseits ist kaum ein Mensch in der Lage, völlig frei für sich zu spüren, was er will. Der beste Weg, gar nichts mehr zu entscheiden, ist, sich jedes Mal zu fragen: «Will ich das *wirklich*?» Andererseits aber scheint es Männern besonders schwer zu fallen, sich von äußeren Erwartungen freizumachen. Letztlich ist das gemeint, wenn von männlicher Externalität die Rede ist. Folglich kann es nur darum gehen, sich auf den Weg zu begeben und sich auf eine Entwicklung zu mehr innerer Freiheit einzulassen. Dieser Weg besteht zum einen darin, sich zu befragen und manche Entscheidungen auch im Nachhinein zu hinterfragen, um in Zukunft auf dieser Erfahrung aufbauen zu können. Zum anderen aber geht es auch darum, sich Bedingungen zu schaffen, die eine unabhängigere Entscheidungsfindung und freieres Handeln ermöglichen.

Da ist zum Beispiel der Mann, der feststellte, dass er immer dann, wenn in seiner Ehe seine Meinung gefragt war, zu seiner Frau schaute, an ihrem Mienenspiel ihre Haltung abzulesen suchte und daran seine Äußerung ausrichtete. Er hatte dieses Verhalten – wie so viele andere Männer auch – bereits als Junge gegenüber seiner Mutter erworben. Nun behalf er sich damit, dass er in solchen Situationen seine Brille absetzte und infolgedessen das Mienenspiel seiner Frau nicht mehr erkennen konnte. Somit war er stärker auf seine eigenen Empfindungen angewiesen und konnte ein wenig von seiner Abhängigkeit abbauen.

Weitere Möglichkeiten, sich bessere Bedingungen für eine unabhängigere Entscheidungsfindung zu verschaffen, können in punktuellem Rückzug bestehen, welcher der Entscheidung vorausgeht. Das mag im Alltag häufig unpraktikabel sein. Aber für wichtige und grundlegende Situationen kann es sehr sinn-

Eigenständige Männlichkeit

voll sein, in ein anderes Zimmer zu gehen und erst einmal für sich zu überlegen. Solches Verhalten muss geübt werden. Ein Freund von mir hatte für sich die Lösung gefunden, dass er in seiner eigenen Wohnung blieb und nicht mit seiner Partnerin zusammenzog, obwohl seine Partnerschaft durchaus intensiv war. Es ging ihm mit dieser Entscheidung nicht darum, Abstand zu halten und Nähe zu vermeiden. Vielmehr wusste er von sich, dass er in einer gemeinsamen Wohnung zu schnell die eigenen Empfindungen zurückgestellt hätte und «versumpft» wäre.

Alle diese Beispiele machen deutlich, dass es zwar kaum einem Mann gelingen wird, den Idealzustand eines völlig selbstbestimmten Lebens «mal eben so» zu verwirklichen. Aber jeder kann, bezogen auf seine Situation und seine individuellen Möglichkeiten, wichtige Schritte in diese Richtung tun. Auf die Zielrichtung kommt es an und auf den Willen, sich auf diese Entwicklung einzulassen. Insofern muss der bekannte Satz ergänzt werden, damit er nicht im wahrsten Sinn in die Irre führt: Der Weg ist das Ziel – aber die Richtung muss stimmen! Und die Richtung heißt in diesem Fall, dass eigenständige Männlichkeit zuallererst klären muss, was Mann selbst will. Auch hier können die angesprochenen Männergruppen eine wichtige Aufgabe erfüllen.

Der zweite Schritt zu eigenständiger Männlichkeit besteht im offensiven Vertreten der eigenen Position. Dies bedeutet, sich nicht irremachen zu lassen, aber zugleich auch, nicht in den Krieg zu ziehen und einen Streit nach dem anderen anzufachen. Sich nicht irre machen zu lassen, ist deshalb so wichtig, weil die eigene Position nicht dem argumentativen Austausch unterliegt, mögen die Argumente auch noch so objektiv ausschauen. Die «Richtigkeit» eines Bedürfnisses muss nicht bewertet oder gar ausdiskutiert werden. Selbst das Argument: «Du willst das ja nur, weil es deine Freunde so wollen» – oder in der entgegen gesetzten Situation: «Du machst ja nur, was deine Frau will» –, ist fehl am Platz. Natürlich sollte es für jeden darum gehen, die eigene Position zu finden. Aber gegenüber einem anderen die eigene Position mit einem Argument durchsetzen zu wollen, das dessen wirkliche oder auch vermeintliche Uneigenständigkeit, also seine Schwäche anführt, ist so verlogen, wie das Verhalten der Frau im weiter oben angeführten Beispiel, die ihren Mann zur Stärke auffordert, aber nur so, wie es ihrem Willen entspricht. Einem anderen Menschen mangelnde Selbstbestimmtheit vorzuwerfen, um ihm sodann den eigenen Willen aufzudrücken, ist manipulatorisch und deswegen abzuwehren. Deshalb gilt an dieser Stelle in besonderer Weise: Männer, lasst euch nicht irremachen, nehmt euch ernst!

Die eigene Position offensiv zu vertreten, bedeutet somit auch, nicht zu manipulieren und nicht auf die Manipulationen des Gegenübers einzugehen. Dies ist eine der wesentlichen Maßnahmen, um Streitereien und Zänkereien abzuwehren. Denn natürlich besteht beim Aufeinandertreffen zweier Meinungen immer die Gefahr von Auseinandersetzungen.

Dies soll natürlich nicht heißen, dass es grundsätzlich unterschiedliche Auffassungen und Positionen geben muss. Aber dort, wo sich alle Seiten einig sind, sind auch keine Probleme zu erwarten. Dies führt viele Männer dazu, bereits im Vorfeld abzuspüren, was die Partnerin oder der Chef oder der Freund will, und genau das dann als eigene Position zu vertreten. Doch diese «stille Taktik» ist eine Scheinselbständigkeit und verdeckt nur die Probleme. Das Umgehen von Auseinandersetzungen in der konkreten Situation wird dann durch das Gift schleichender Unzufriedenheit erkauft.

Offensiv Position beziehen

Schwierig wird es immer dort, wo Einigkeit nicht vorhanden ist. Hier drohen Manipulation und offener Streit. Doch die Ansicht, dass sich dies verhindern lässt, indem die eigene Position nicht offensiv vertreten wird, ist trügerisch und das entsprechende Verhalten eher der Keim für dauerhafte Konflikte. Denn die eigene Meinung offensiv zu vertreten heißt ja nicht, sich um jeden Preis durchzusetzen. Genauso möglich ist es, im Zuge der Klärung Kompromisse zu schließen oder manchmal auch die Haltung oder den Wunsch des anderen zur Basis der eigenen Entscheidung zu machen. Aber dabei handelt es sich dann um eine bewusste Entscheidung, die man zuvor selbst geprüft hat. Sie wird in eigener Verantwortung getroffen. Das ist etwas anderes, als den anderen zu manipulieren, zu überreden oder gar zu zwingen. Letztere Varianten bringen «Krieg», weil es um Übervorteilung geht, um Sieg oder Niederlage. Derjenige, der seine Position aufgibt, wird sich ärgern, und selbst wenn dieser Ärger sehr leise ist, wird er sich bei ähnlichen Situationen anhäufen und irgendwann herausplatzen. Plötzliche Bilanzierungen in einer Streitsituation, plötzliche Gewaltausbrüche, auch plötzliche Trennungen haben immer solche Vorgeschichten. Klassisch sind so grundsätzliche Themen wie «Ich wollte ja das Kind nicht» oder «Du hast mich ja zum Hausbau überredet». Aber es geht nicht immer um Grundsätzliches. Auch Alltäglichkeiten können sich mit der Zeit aufsummieren und zum Sprengstoff werden.

Auf der anderen Seite steckt in Offenheit eine viel größere Chance des Miteinanders. Denn auf diese Weise kann die Übernahme der anderen Position ein Zeichen von Liebe sein und hat dann mit einer Niederlage nichts tun. Aber Vorsicht! Wer von seiner Position abweicht, macht damit die neue zur seinen. Es ist dann nicht erlaubt, dem anderen vorzuwerfen, «ich habe das doch nur wegen dir gemacht». Auch eine Gegenleistung darf nur dann erwartet werden, wenn sie im Zusammenhang mit dem Positionswechsel vereinbart wurde. Dies kann beispielsweise so aussehen: «Ich will ins Kino, du willst lieber spazieren gehen. Also lass uns vereinbaren, dass wir heute spazieren gehen und dafür morgen den Film ansehen.» Wenn das nicht so vereinbart ist, wenn also der eine in der stillschweigenden Hoffnung mit spazieren geht, dass der andere sich morgen schon mit einem Kinobesuch für das heutige Nachgeben erkenntlich zeigt, ist Streit vorprogrammiert. Wer ohne eine Absprache die Position des anderen einnimmt, hat sie ohne Wenn und Aber zur eigenen gemacht. Spätere Beschwerden sind ausgeschlossen.

Um hier nicht der Meinung Vorschub zu leisten, es handele sich bei all dem ausschließlich um Partnerschaftsthemen, hier ein Beispiel aus einem Miteinander ausschließlich von Männern:

Aus einer Männergruppe:

Ein Mann spielt in einer Gitarrengruppe. Es wird regelmäßig geprobt und ab und an treten sie auch gemeinsam auf. Den nächsten Auftritt der Gruppe hat der Mann sich jedoch nicht in seinem Kalender notiert und prompt mit einem anderen, sehr wichtigen Termin belegt. Die anderen Gruppenkollegen reagierten daraufhin sauer, vor allem derjenige, der den Auftritt organisiert hat. «Sauer» heißt indes, dass kaum etwas gesagt wurde. Aber der Mann glaubte die «dicke Luft» förmlich zu spüren. Auch sein Vorschlag, dass die anderen den Termin ohne ihn wahrnehmen, wurde nicht angenommen, weil er bei mehreren wichtigen Stücken den zentralen Part spielt. Die anderen trauen sich den

Offensiv Position beziehen

Auftritt ohne ihn nicht zu und so wurde er abgesagt. Nun hat der Mann ein schlechtes Gewissen und weiß nicht, wie er bei der nächsten Probe dem Initiator des Auftritts gegenübertreten soll.

In der Männergruppe, in der der Mann von dieser Situation und auch von seinem schlechten Gewissen den anderen Mitspielern gegenüber erzählte, wurde er daraufhin gefragt, wie er denn grundsätzlich zu den Auftritten stehe. Möchte er das überhaupt oder ist die Doppelbelegung des Termins nicht ein Zeichen für seinen Unwillen. Doch, er wolle die Auftritte schon. Aber es gebe insgesamt Unklarheiten in der Gitarrengruppe. Auch andere hätten bereits ihre Teilnahme an Auftritten abgesagt. Das habe ihn immer geärgert, doch die jeweiligen Auftritte wurden trotzdem gestemmt.

«Ist dein Vergessen vielleicht eine Retourkutsche?», fragte ein anderer Mann aus der Männergruppe. «Das kann schon sein», antwortete der Mann. Er will unbedingt mehr Klarheit im Umgang miteinander. Aber er hat auch Angst, dass die anderen das nicht wollen und sie ihn dann blöd finden.

Die Analyse dieser Situation verdeutlicht einige der dargestellten Punkte. Der Mann macht eine Situation zum Thema, die ihn bedrückt. Er hat einen Termin vermasselt und hat nun gegenüber seinen Bandkollegen ein schlechtes Gewissen. Er schildert es in der Männergruppe in der Weise, dass er sich schlecht fühle und nicht so richtig wisse, wie er den anderen gegenübertreten soll. In der bereits vorgenommenen Klassifizierung von Stärke und Schwäche handelt es sich hier um verlogene Schwäche. Denn der Mann verdeckt mit seinem Verhalten das wirkliche Problem. Im psychotherapeutischen Verständnis handelt es sich bei dieser Art von «Vergessen» fast immer um sogenannte Inszenierungen. Das heißt, hinter dem Vergessen verbirgt sich ein wichtiger Grund, welcher die Fehlleistung erst auslöst. Ins-

2. Männer in Beziehung

besondere bei Verhaltensweisen, die für eine Person eher ungewöhnlich sind, kann man in aller Regel vom Vorliegen weitergehender Gründe ausgehen. So auch bei diesem Mann, der sich sonst alle Termine in seinen Kalender einträgt. Das schlechte Gewissen hätte also den Sinn, diesen Grund lieber zu verdecken. Streut er nur ordentlich Asche auf sein Haupt, sind ihm die anderen vielleicht nicht mehr böse.

Diese Haltung ist jedoch aus zwei Gründen gefährlich. Zum einen wird der Ärger nicht wirklich aus der Welt geräumt. Er könnte dem Mann bei nächster Gelegenheit wieder vorgehalten werden. Zum anderen wird der hinter dem Vergessen schwelende Konflikt nicht offen gelegt und arbeitet mithin im Untergrund weiter. Neue Fehlleistungen auch der anderen Mitspieler könnten das Klima dauerhaft vergiften – eine Situation, die faktisch bereits eingetreten ist. Deshalb war es so wichtig, dass die anderen Teilnehmer der Männergruppe nachgefragt haben und den tieferen Grund für das Vergessen wissen wollten. Denn nur so lässt sich die wirkliche Problematik aufdecken.

Die Vermutungen gingen zuerst dahin, der Mann habe sich zu etwas überreden lassen, was er eigentlich gar nicht will. Dies liegt nahe, weil die unmittelbare Folge des Vergessens die Absage des Auftritts war. Aber dieser Grund trifft in diesem Fall nicht zu, was zeigt, dass mit Vermutungen vorsichtig umgegangen werden sollte. Sie können als Hilfe angeboten werden, aber verifizieren kann sie nur derjenige, dessen Situation besprochen wird. Auch hier bestätigt sich wieder, dass das Ernstnehmen des eigenen Impulses der Weg zur Eigenständigkeit ist. Doch das Nachfragen der anderen Mitglieder verhilft dem Mann zu einer eigenen Position: «Ja, ich will die Auftritte, aber die Unklarheit in der Gitarrengruppe bedrückt mich. Indem ich den Termin vergessen habe, habe ich meinen Ärger darüber ausgedrückt.» Auf diese Weise den Ärger zu äußern, führt jedoch nicht weiter, denn die Unklarheiten bleiben trotzdem bestehen. Letztlich verstärkt ein solches Ausagieren des Ärgers eher den Zwist. Andererseits besteht aufgrund dessen und vor allem aufgrund des unguten Gefühls, das der Mann nun hat, die Chance, einmal genauer hinzuschauen und die Situation richtig zu analysieren. Damit wird das Vergessen als Ausdruck unterschwelliger Aggression nicht besser, aber es kann zu einer Klärung der Situation genutzt werden.

Jetzt wird auch deutlich, warum es dem Mann (unbewusst) leichter schien, ein schlechtes Gewissen zu haben, als die Situation zu klären. Vorher konnte er immer noch hoffen, dass die Klärung stillschweigend erfolgt. Zum Beispiel könnte sich die Gitarrengruppe auflösen oder ein oder zwei gehen und die neue Situation schweißt die verbliebenen Mitglieder wieder mehr zusammen. Nun aber muss der Mann eine bewusste Entscheidung treffen. Er hat zwei Möglichkeiten: Entweder er lässt die ungeklärte Situation, wie sie ist, und führt keine Klärung herbei. Dann wird es immer unterschwellige Unzufriedenheit und auch ein solches Ausagieren geben. Oder er positioniert sich und sagt, was er will, und vertritt dies offensiv – egal, ob die anderen zu einer Klärung bereit sind oder nicht. Dies sollte nicht in dem Sinn geschehen, dass er den anderen die Pistole auf die Brust setzt: «Ändert euch nun endlich!» Vielmehr muss er seine Bedingungen äußern und zugleich die Regeln formulieren, mit denen er sie umzusetzen gedenkt. Und wenn dann die Mitspieler nicht bereit sind, seine Auffassungen mitzutragen, ja wenn sie nicht einmal zu einem klärenden Gespräch bereit sind, muss er angesichts dessen eine eigene Entscheidung treffen und verantworten: Entweder er verlässt dann die Gruppe, nimmt die Situation so hin, wie sie ist, oder er setzt eigene Bedingungen um, indem er beispielsweise keine Auftritte mehr mitmacht. Er ist also von den anderen real in der Weise abhängig, dass sie seine Ideen und Wünsche mit verwirklichen. Aber er ist nicht von ihnen abhängig, insofern es um seine Zufriedenheit, letztlich sein Lebensglück geht. Es kann natürlich Situationen geben, in denen man sich andere Gefährten suchen muss – egal ob in Partnerschaft, Freundschaft oder Beruf. Und es gibt selbstverständlich auch Situationen, in denen sich Wünsche und Hoffnungen nicht umsetzen lassen. Doch es gibt keine Alternative dazu, selbst Position zu beziehen. Denn ansonsten erfüllt sich gar nichts und die Lebensenergie, die sich aus der Hoffnung speist, «irgendwann wird es schon besser», verbraucht sich zusehends. Zurück bleibt dann Resignation.

An diesem Beispiel lässt sehr gut deutlich machen, was es bedeutet, offensiv die eigene Position zu vertreten. Zwar musste sich dieser Mann erst einmal darüber klar werden, was er will und woran es hakt. Aber auf dieser Basis erwächst echte Stärke, die für sich steht und nicht anderen dienen möchte. Diese Stärke lässt sich im besten Sinn mit der Wendung «Seinen Mann stehen» beschreiben (was uns nicht zuletzt wieder auf Priapus und das Thema der männlichen Potenz bringt).

Männer, nehmt euch ernst!

Eigenständige Männlichkeit ist durch zwei Schritte gekennzeichnet:
1. Klärung der eigenen Position *für sich*.
2. Offensives Vertreten dieser Position gegenüber anderen, ohne dabei «in den Krieg zu ziehen».

Männer, nehmt euch ernst!

Diese beiden Schritte sind nicht nur das Merkmal eigenständigen, selbstbestimmten Lebens, sie sind Grundlage gelingender Männlichkeit. An ihnen erweist sich echte Stärke, die wirkliche Schwäche und gesunden Egoismus einschließt.

Der Einwand, der in Diskussionsrunden manchmal gegen diese Ausführungen vorgebracht wird, betrifft die Frage, was denn daran spezifisch männlich sei. Dieser Einwand ist insofern berechtigt, als die beiden Prinzipien keine Abgrenzung gegenüber Frauen darstellen. Sie sind ihrem Wesen nach geschlechtsindifferent. Auch Frauen müssen ihre Position klären und müssen für sich Entscheidungen treffen, die sie eigenverantwortlich tragen. Und selbstverständlich müssen sie ihre Positionen offensiv vertreten, ohne dabei über Manipulation, Überzeugenwollen oder Streit in ein Gegeneinander zu geraten. Es gibt an dieser Stelle also keinen Unterschied. Frauen und Männer sitzen hier vielmehr in einem Boot.

Dass ich die beiden Prinzipien trotzdem unter die Überschrift «Eigenständige Männlichkeit» gestellt habe, hängt zum einen damit zusammen, dass ich als Mann für Männer schreibe und es mir darum geht, die eigenen Geschlechtsgenossen anzusprechen. Dies gelingt erfahrungsgemäß schlechter, wenn ich geschlechtsindifferent schreibe. Zum anderen aber ist der Grund darin zu suchen, dass aus der Anwendung der Prinzipien dann eben doch Unterschiedliches folgt. Nicht die Prinzipien an sich sind geschlechtsbezogen, jedoch das, was sich aus ihnen an konkretem Leben entwickelt. Ganz allgemein lässt sich dies so formulieren: Bei der Umsetzung der Prinzipien geht es nicht (nur) darum, «eigenständiges Menschsein» zu verwirklichen, sondern eigenständiges Mannsein – wie es bei Frauen um das eigenständige Frausein geht. Die Prinzipien sind der Boden, der Mannsein und Frausein wachsen lässt.

2. Männer in Beziehung

Zwischen Frauen und Männern bestehen vielfältige Unterschiede, die biologisch oder auch kulturell bedingt, keinesfalls aber wegzureden sind. Der vermeintlich kleine Unterschied ist deutlich größer, als es die Konstruktivisten wahrhaben wollen. Schon die Bezeichnung «Der kleine Unterschied» gehört eher in das Sandkastenalter als in eine erwachsene Frau-Mann-Beziehung. Sie negiert hormonelle Unterschiede ebenso wie anatomisch bedingtes unterschiedliches Sexual- und damit Weltempfinden. Auch die unauflösbaren Unterschiede beim Kinderkriegen bestimmen unser Lebensempfinden mehr, als wir es oft wahrhaben wollen. So lässt sich eine Ursache der bereits angesprochenen männlichen Externalität schon in der Anatomie der primären Sexualorgane finden.

Allerdings wird gerade bei diesem Thema deutlich, wie sehr sich Biologie und Kultur durchdringen. Wenn Sozialisationsforscher feststellen, dass bei Frauen die Externalität nicht so ausgeprägt ist wie bei Männern, dann liegt das neben der Anatomie der Geschlechtsorgane und den stärker nach innen gerichteten Erfahrungen von Schwangerschaft und Geburt auch an der geschlechtsspezifischen Sozialisation. Die in der Regel intensivere Verbindung zur Mutter lässt die heranwachsenden Mädchen eher zu einer inneren Identität finden. Auch das ist nicht unproblematisch und zeigt keine grundsätzlich bessere Situation von Mädchen gegenüber Jungen. Aber es wird deutlich, dass es in der konkreten Ausformung des Lebens Geschlechtsunterschiede gibt. Von einigen wird in den folgenden Kapiteln noch zu sprechen sein.

Es ist unsinnig, diese Geschlechtsunterschiede negieren oder kulturell egalisieren zu wollen. Neben ohnehin festgeschriebenen biologischen Unterschieden gibt es zweifelsohne auch ein starkes Bedürfnis nach kultureller Geschlechtsidenti-

Männer, nehmt euch ernst!

tät. Diese mag sich auf der Basis physischer und psychischer Gegebenheiten unterschiedlich gestalten lassen. Aber ein existentielles Grundbedürfnis nach geschlechtsspezifischer Verschiedenheit gibt es und ist konstituierend für alle menschlichen Kulturen.

Genau aus diesem existentiellen Bedürfnis heraus sind die aufgezeigten Prinzipien eben nicht nur das Fundament für «eigenständiges Menschsein», sondern für die geschlechtsspezifische Lebensgestaltung schlechthin. Eigenständigkeit ist Voraussetzung dafür, Verschiedenheit leben, gestalten und manchmal auch aushalten zu können, ohne zugleich in den Krieg der Geschlechter zu geraten. Dies erklärt auch, warum die Geschlechterdiskussion der letzten Jahre nicht zur Befriedung, sondern eher zu einer Verschärfung des Geschlechterkampfes geführt hat. Nur selten ging es dabei um die Anerkennung der Verschiedenheit und erst recht nicht um geschlechtsspezifische Eigenständigkeit. Damit ist keine Hierarchie zwischen den Geschlechtern gemeint. Diese lehne ich nicht nur aus ethischen Gründen ab. Das meinen Ausführungen zugrunde liegende Menschenbild lässt ein hierarchisches Verhältnis zwischen Frauen und Männern nicht zu. Gerade deshalb wende ich mich ja gegen die gegenwärtig so oft anzutreffende negative Grundstimmung gegenüber den Männern. Aber jenseits hierarchischer Gedanken ist der geschlechtsspezifischen Eigenständigkeit ein hoher Wert beizumessen.

Statt zu lamentieren, wie schwer es ihnen gemacht wird, sind die Männer dazu aufgefordert, ihren Weg zu gehen und ein positives männliches Selbstverständnis herauszubilden. Dies entspricht Schritt eins der Prinzipien für eine eigenständige Männlichkeit: Klärung der eigenen Position. Doch dann muss auch Schritt zwei erfolgen: diese Position offensiv zu vertreten.

2. Männer in Beziehung

Den zumeist sehr geringen gesellschaftlichen Einsatz der Männer für ihre eigenen Interessen verstehe ich als Scheu davor, selbstbestimmt Position zu beziehen. Mehr noch: Die fehlende positive männliche Geschlechtsidentität und die fast stoische Hinnahme dieser Tatsache durch die Männer selbst verhindern es geradezu, selbstbewusst Position zu beziehen. Auf gesellschaftlicher Ebene sind wir Männer zweifelsohne in kindlicher Abhängigkeit von der Meinung und dem Verhalten von Frauen gefangen.

Natürlich gilt dieser Befund für Männer und Frauen gleichermaßen; darin unterscheiden sie sich gerade nicht. Auch die Frauen stecken in einer kindlichen Abhängigkeit von den Männern, und ihre bis jetzt, trotz Jahrzehnten des Feminismus, längst noch nicht verwirklichte Aufgabe ist die stärkere Entwicklung von Eigenständigkeit. Unterschiede zwischen Männern und Frauen gibt es stattdessen in der Art und Weise, wie innerhalb der Abhängigkeit jeweils agiert wird. Während Frauen an die Öffentlichkeit gehen und durch Erwartungen an die patriarchalische Gesellschaft ihre mangelnde Bereitschaft zu mehr Eigenständigkeit ideologisch verbrämen, halten Männer lieber still und hoffen, «dass es sich schon irgendwie regeln wird». Sosehr die Prinzipien also geschlechtsübergreifend gelten, so geschlechtsspezifisch sind die Folgen, die daraus erwachsen. Deshalb ist es wichtig, dass sich Männer ernst nehmen und einen eigenen Weg zu positiver Geschlechtsidentität beschreiten.

Ein wichtiger Schritt auf diesem Weg ist die Analyse der geschlechtsspezifischen Sozialisation. Wenn wir – angeregt etwa durch das Gesundheitsthema – nach Ursachen problematischer Entwicklungen fragen, dann müssen wir uns mit diesem Thema auseinandersetzen: Warum sind Männer in kindlicher Abhängigkeit gefangen und warum äußert sich dies auf die dargestellte Weise? Bei diesen Fragen geht es wiederum um eine spezifisch männliche Sicht. Dabei zählen nicht so sehr die Unterschiede zwischen weiblicher und männlicher Sozialisation, auch wenn sich im geschlechtsdifferenzierenden Vergleich manches besser erkennen lässt. Der Fokus liegt vielmehr auf der Frage, was an männlicher Sozialisation schief läuft, wenn Männer auch noch im erwachsenen Alter Schwierigkeiten haben, eine eigenständige Geschlechtsidentität zu entwickeln und nach außen hin zu vertreten.

3.
Die frühe Not des starken Geschlechts

Ich bin ein Kind von gestern
In meiner Mutter Kleid
in einem Meer von Tränen
Vertreib ich mir die Zeit
Marius Müller Westernhagen: **Kind von gestern**[17]

Vertikale Differenzierung

Im voranstehenden Kapitel ging es um eigenständige Männlichkeit. Die Entwicklung eines gelingenden Lebensentwurfs als Mann setzt die Akzeptanz grundlegender Eigenverantwortung voraus. Selbstverständlich meint das keinen ein für alle Mal erreichten Zustand. Vielmehr geht es um die Bereitschaft, sich in all seinen Möglichkeiten und Begrenzungen für eine Lebens*richtung* zu entscheiden. In diesem Sinn ist Männlichkeit kein Zustand und auch nichts Beliebiges. Männlichkeit ist vielmehr die Entscheidung, die grundlegende Eigenverantwortung zu akzeptieren und den Weg einer immer umfassenderen Verwirklichung dieses Ziels zu gehen. Daran gemessen ist nicht derjenige besonders männlich, der kräftig, potent oder redegewandt ist, zumal sich hinter all diesen Eigenschaften durchaus auch «Dienst an den Frauen» verbergen kann.

Eigenständigkeit als Grundmerkmal einer erwachsenen Beziehung setzt *horizontale Differenzierung* voraus. Jeder

3. Die frühe Not des starken Geschlechts

Mensch ist gefordert, sich von anderen Menschen zu unterscheiden und niemand anderen für sein Lebensglück verantwortlich zu machen. So eindeutig und selbstverständlich das zunächst erscheinen mag, so sehr ist unsere Kultur gerade von Verantwortungsabgabe bestimmt. Menschen sind in unserer Gesellschaft immer wieder von der Sehnsucht getrieben, ihr Leben in die Hände anderer zu geben, und sie neigen dazu, dies auch noch als Liebe zu bezeichnen. Brautpaare sagen oft, «dass sie eine *gemeinsame* Existenz gründen», als ob es so etwas wirklich geben könnte. Erst wenn wir akzeptieren, dass jeder von uns eine eigenständige Existenz hat, sind wir auch imstande, ein wirkliches Miteinander zu leben, ohne die eigenen Bedürfnisse aus dem Blick zu verlieren. Die Fähigkeit zu horizontaler Differenzierung ist daher als wesentliches Merkmal gelingender Männlichkeit zu sehen.

Der Grund, warum ich von *horizontaler* Differenzierung spreche, hat damit zu tun, dass es auch eine *vertikale* gibt. Während die horizontale Differenzierung die Unterscheidung eines Menschen von seinen Mitmenschen, also die Eigenständigkeit als Person meint, bezieht sich die vertikale Differenzierung auf eine Unterscheidung im Einzelnen selbst. Gemeint ist eine innerseelische, lebensgeschichtliche Differenzierung, bei der das erwachsene Ich von den immer noch vorhandenen kindlichen Impulsen getrennt wird. Denn die Vermischung von realem erwachsenen Leben und kindlichen Bedürfnissen, Sehnsüchten und Ängsten ist die Ursache der im vorigen Kapitel dargestellten Abhängigkeiten. Wenn die beiden lebensgeschichtlichen Ebenen undifferenziert ineinandergreifen und das gegenwärtige Tun bestimmen, nährt dies immer wieder die Hoffnung, andere Menschen könnten einem das Lebensglück bringen. Die zwangsläufig daraus folgende Enttäuschung wird dann als bitter empfunden – bitterer, als es mit Blick auf die Realität der Beziehung eigentlich sein müsste. Horizontale Differenzierung, also Eigenständigkeit in Beziehungen, kann so lange nicht gelingen, als nicht auch die Notwendigkeit zu vertikaler Differenzierung erkannt und entwickelt ist. Auch hier zur Illustration ein Beispiel:

Aus einem Männerworkshop:
Ein Teilnehmer erzählt von einem Erlebnis, das er zwei Tage zuvor hatte: Er saß in einem Café in einer fremden Stadt und kam dort mit einer Frau ins Gespräch, die ihm gut gefiel. Das Gespräch machte Spaß, doch irgendwann verabschiedete sich die Frau auf freundliche Weise und ging.
Daraufhin fiel der Mann in ein emotionales Loch. Er fühlte sich verlassen, einsam und wusste nicht, was er mit sich anfangen sollte. Irgendwann ging er dann aus dem Café und lief zwei Stunden in der Stadt umher, bis er sich irgendwann wieder im Griff hatte.

Im ersten Moment scheint alles klar zu sein. Der Mann hatte ein schönes Erlebnis mit einer angenehmen Frau. Dass er nach dieser Begegnung in ein emotionales Loch fällt, liegt nicht daran, dass die Begegnung schlecht gelaufen ist, im Gegenteil. Vielmehr scheint das abrupte Ende schuld daran zu sein. Es liegt die Vermutung nahe, dass bei diesem Erlebnis etwas passiert ist, das den Mann im positiven Sinne stark getroffen hat. In Hollywood-Filmen, aber auch angesichts realer Erlebnissen erzählen Betroffene dann gern, dass sie sich spontan verliebt hätten. Die starke emotionale Reaktion des Mannes könnte also darin ihre Ursache haben, dass er «von Amors Pfeil getroffen wurde», es sich aber zu spät eingestand oder sich nicht traute, die Frau nach einem weiteren Treffen zu fragen. Die Situation könnte so gedeutet werden, dass er zunächst in Liebe

3. Die frühe Not des starken Geschlechts

entbrannt war, dann aber jäh abstürzte, was seine heftigen Gefühle von Einsamkeit und Verlassenheit erklärt.

Könnte aber die Behauptung, es handele sich um «Liebe auf den ersten Blick», um plötzliches Verliebtsein, nicht schon ein Zeichen dafür sein, dass etwas nicht stimmt? Gerade Verliebtsein ist von der Hoffnung gespeist, nun endlich jemanden gefunden zu haben, der einen glücklich macht, «der für mich geschaffen ist». Verliebtsein ist die Abgabe von Eigenverantwortlichkeit für das Leben par excellence.

Wenn der Mann bei der Begegnung mit dieser Frau «Liebe auf den ersten Blick» verspürt hat, dann hat ihn demnach die Hoffnung erfasst, diese Frau würde sein Leben gut werden lassen. Die anschließenden schlechten Gefühle wären dann Ausdruck der Enttäuschung, dass sich die Hoffnung nicht erfüllt hat. Er könnte es sich zum Vorwurf machen, dass er die Frau nicht gehalten oder sich zumindest nicht noch einmal mit ihr verabredet hat. Er könnte sich als Versager fühlen und deshalb so deprimiert reagieren. Doch selbst wenn wir uns einen positiven Ausgang vorstellen und die beiden ein verliebtes Paar werden lassen, bleibt die Hoffnung des Mannes, er habe nun endlich *die* Frau gefunden, fragwürdig. Die Heftigkeit der Gefühle – egal ob, wie in diesem Fall, negativ oder wie so oft, wenn sich Menschen zusammenfinden, positiv empfunden – legt die Vermutung nahe, dass etwas geschehen ist, was über das reale Ereignis hinaus geht. Dem Mann ist etwas widerfahren, das eigentlich gar nicht mit dieser Frau zu tun hatte, sondern, vermittelt durch die Begegnung, an seine Lebensgeschichte rührte. Doch was könnte das sein? Eine konkrete Antwort darauf konnte nur der Mann selbst geben.

Im weiteren Verlauf des Workshops wurde deshalb die emotionale Seite des Geschehens aufgearbeitet: Mit der Frau war

Vertikale Differenzierung

doch eigentlich alles gut gelaufen. Sie hatte ihm gefallen, das Gespräch war schön gewesen und letztlich hatte er selbst es in Ordnung gefunden, dass die Begegnung zeitlich begrenzt war. Der Mann war sich seiner auch schon so weit bewusst, dass er nicht – wie vermutlich viele andere in einer ähnlichen Situation – an ein Verliebtsein glaubte. Die Begegnung mit der Frau sollte seinem Gefühl nach gar keine Fortsetzung finden. Sie war so, wie sie stattgefunden hatte, schön und gut gewesen. Wäre da nur nicht das negative Gefühl danach gewesen. Doch hier stellte sich im Verlauf der weiteren Workshoparbeit heraus, dass dessen Ursprung nicht in der realen Begegnung lag, sondern darin, was sich *in ihm* abspielte, als die Frau gegangen war.

Er war von einem starken Einsamkeitsgefühl überschwemmt worden, das ihn gelähmt hatte. Schon das Gefühl der Einsamkeit war für sich eigentümlich und nicht mit der realen Begegnung verbunden gewesen. Nach dem Weggehen der Frau hatte er sich ja in keiner anderen Situation als vor der Begegnung befunden. Da aber hatte er sich nicht einsam gefühlt. Und die Heftigkeit des Gefühls war der Realität schon gar nicht angemessen. Aber der Mann kannte Einsamkeit aus seiner Kindheit. Hier hatte er sich oft allein gelassen gefühlt und konnte mit diesem Gefühl nur schwer umgehen. Er erinnerte sich gleich an mehrere Erlebnisse dieser Art, die immer auch von Angstgefühlen begleitet waren, beispielsweise wenn die Eltern abends ausgingen.

Erfahrungsgemäß reicht das Verlassenheitsgefühl lebensgeschichtlich aber noch weiter zurück, als es unsere bewussten Erinnerungen hergeben, nämlich in die ersten Jahre des Lebens. Während ein Kind im Alter von vier oder fünf Jahren in einer Situation der Einsamkeit schon in der Lage ist, die zeitliche Begrenzung dieses Zustands abzuschätzen, also zu erwarten,

3. Die frühe Not des starken Geschlechts

dass er auch irgendwann wieder aufhört, ist dies einem Baby nicht möglich. Ein in einen anderen Raum abgestelltes Baby weiß nicht, ob die Einsamkeit jemals endet. Durch seine große Abhängigkeit erhält dieser Zustand eine existenzielle Dimension: Es ist nicht nur die Abwesenheit einer Bezugsperson, es ist zugleich die Infragestellung des eigenen Lebens. Bliebe das Baby auf Dauer allein, könnte es nicht überleben. Deshalb ist es für ein Baby in einer solchen Situation so wichtig zu schreien. Es muss diesen Zustand der Verlassenheit beenden. Wird es jedoch nicht gehört oder durch Schimpfen bestraft, also in seinem Wollen negativ bewertet, wird ein Baby irgendwann das Schreien aufgeben und andere Selbstsorgestrategien entwickeln. Es wird vielleicht durch Ruhigsein versuchen, dem Weggestelltwerden zu entgehen.

In diesem Verhalten äußern sich eine tiefe Resignation und die Abspaltung eigener Gefühle. Die seelischen Spannungszustände wird das Baby vor allem dadurch zu lindern versuchen, dass es sich körperlich anspannt. Damit möchte es dem Gefühl des Überschwemmtwerdens begegnen. Wilhelm Reich hat als Erster beschrieben, wie Muskelanspannungen in früher Kindheit traumatische Empfindungen binden können. Durch die wiederholte Abwehr des vom Baby empfundenen existenziellen Bedrohtseins können sie chronisch werden und ein Leben lang bestehen bleiben.

Die Heftigkeit des Gefühls, wie sie etwa das einsame Baby empfindet, erkennen wir in dem erwachsenen Mann wieder, nachdem die Frau weggegangen war. Er wurde von Verlassenheitsgefühlen überschwemmt und war nicht mehr in der Lage, diese Gefühle zu regulieren. Es waren jedoch keinesfalls Gefühle, die in dem beschriebenen Erlebnis oder gar im Verhalten der Frau ihre Ursache hatten. Es war vielmehr das in seiner

Vertikale Differenzierung

Lebensgeschichte sehr früh verankerte Empfinden eines Babys, das verlassen wird und diese Verlassenheit weder verstehen noch mit ihr umgehen kann. Die Verwirrung, die er erlebt, als die Frau weggeht, ist die Verwirrung eines Kleinstkindes, das nicht versteht, was mit ihm geschieht. Das Weggehen der Frau hat lediglich die frühen Erfahrungen wachgerufen.

Dieses Beispiel zeigt, wie stark lebensgeschichtliche Prägungen unser erwachsenes Empfinden beeinflussen. Diese innerhalb der Psychologie schon lange bekannte Erkenntnis wurde in den letzten Jahren durch die Hirnforschung bestätigt. Die Ausreifung der neuronalen Vernetzung im Gehirn geschieht vor allem in den ersten Lebensjahren. In dieser Zeit lernt ein Mensch, die Welt auf seine ganz eigene Weise zu sehen; prägend dafür sind seine ersten Beziehungserfahrungen. Sie schreiben sich buchstäblich ins Gehirn ein und formen die Seele. Als erwachsener Mensch wirken die gemachten Erfahrungen fort und bestimmen unser «Fühlen, Denken und Handeln».[18] Kritisch wird dies vor allem dann, wenn die prägende frühkindliche Zeit mit Defiziten, Vernachlässigungen, Missbräuchen oder traumatischen Ereignissen verbunden ist. Dann werden die damit zusammenhängenden Empfindungen auch das spätere Leben beeinflussen. Dies geschieht grundsätzlich auf zweierlei Weise: Der Erwachsene wird zum einen immer wieder Situationen herstellen, die den frühen Erfahrungen entsprechen – oder er wird sie zumindest so empfinden. Denn er sieht die Welt so, wie er es früh erfahren hat. In der Psychologie spricht man hier von Wiederholungszwang.

Zum anderen aber ist er von der Hoffnung getrieben, endlich von den belastenden Gefühlen befreit zu werden. Beide Impulse können die gegenwärtigen Beziehungen erschweren oder sogar vergiften. Der Mann in unserem Beispiel ist nicht mehr in der Lage, das eigentlich doch angenehme Erlebnis mit der Frau im Café auch rückblickend zu genießen. Stattdessen irrt er zwei Stunden durch die Stadt, ehe er sich wieder einigermaßen stabilisiert hat.

Wie Kindheitserfahrungen das erwachsene Leben beeinflussen

Die Belastungen, die aus problematischen Erfahrungen der Kindheit, zumeist der sehr frühen, vorbewussten Phase resultieren, machen das Leben vieler Menschen schwierig. Vor allem die Art und Weise, in der Beziehungen gestaltet werden, ist von zumeist unbewussten, durch Kindheitserfahrungen geprägten Impulsen durchdrungen, die mit der realen Beziehung der jeweiligen Menschen zueinander kaum etwas zu tun haben. Die Schwierigkeiten resultieren aus Handlungen und Erwartungen, die den anderen überfordern. Die im vorigen Kapitel dargestellten Beispiele können als Beleg für diese Tatsache dienen:

Die Frau, die von ihrem Mann Stärke erwartet, möchte, dass er ihr das Gefühl eigener Schwäche abnimmt. Diese Schwäche hat ihre Ursache nicht im erwachsenen Leben, in dem die Frau eher taff ist. Doch in der Tiefe ist sie unsicher und von Selbstzweifeln geplagt. Ihr unsicherer Mann erinnert sie genau an dieses Gefühl, das sie an sich lieber nicht wahrnehmen möchte. Dieses Verhaltensmuster findet sich oftmals gerade bei den Menschen, die nach außen stark wirken. Ihr Problem ist dann, dass sie selbst, aber auch die Mitmenschen ihre schwache Seite nicht wahrhaben wollen. Ihnen wird dann gesagt: «Ach, dir macht das doch nichts aus», oder: «Ich bin überzeugt, dass du das schaffst». Dieser vermeintliche Zuspruch, will die schwachen Seiten, die Selbstzweifel und Unsicherheit beim scheinbar starken Gegenüber nicht akzeptieren. In Wahrheit verdeckt deren sicheres Handeln jedoch nur ihre tiefgehende Unsicherheit. *Deshalb* ist es im genannten Beispiel der Frau so wichtig, dass ihr Mann Stärke zeigt. Denn ansonsten sieht sie in ihm wie in einem Spiegel ihre eigene Unsicherheit. Diese Unsicherheit hat ihre Ursache womöglich in Kindheitserfahrungen, die einerseits nicht förderlich für die Entwicklung eines selbstbewussten Menschen waren, andererseits aber auch die empfundene Unsicherheit nicht zuließen. Aus solchen Kindheitsprägungen resultiert dann eine Pseudostärke, die das wirkliche Seelenbefinden verdeckt.

Auch der Mann aus einem anderen Beispiel, der nicht weiß, ob er von seiner Frau verlangen darf, dass sie arbeitet und ihren Anteil am Lebensunterhalt der Familie trägt, ist unsicher – in diesem Fall jedoch in einer viel offensichtlicheren Weise. Die Ängste, die er davor hat, etwas für sich zu verlangen, haben nichts mit einer erwachsenen Partnerschaft zu tun, die auf Gleichberechtigung basiert. Vielmehr äußert sich in diesen Skrupeln ein kleiner Junge, der gelernt hat, erst einmal auf die Bedürfnisse von Mama zu achten. Sein Wollen, seine Bedürfnisse treten demgegenüber in den Hintergrund. Die Partnerin wird dann in einer ähnlichen Rolle gesehen wie dazumal die Mutter.

Und auch die in dem Beispiel der Männergruppe anzutreffende Konstellation, dass Männer sich von den Ansprüchen ihrer Partnerinnen belästigt und genervt fühlen, ist nicht aus der realen Situation allein zu verstehen. Der einfache Weg, den Ansprüchen der Partnerin die eigenen Bedürfnisse entgegenzustellen, lässt sich deshalb so schwer beschreiten, weil die Männer sofort in ihr frühes Kindheitsempfinden rutschen. Ihre Grunderfahrung war, dass ihr eigenes Wollen kaum eine Rolle

3. Die frühe Not des starken Geschlechts

spielte, sie dafür aber auf die Bedürfnisse der Eltern, vor allem der Mutter zu achten hatten. *Deshalb* sind sie so schnell genervt und prüfen gar nicht, was an den Forderungen der Partnerin auch für sie selbst und ihre Beziehung gut und sinnvoll sein mag und was sie lieber nicht tun sollten.

Wie sehr frühe Empfindungen das erwachsene Leben beeinflussen können, zeigt das nächste Beispiel. Das Besondere daran ist, dass die reale Konstellation die Emotionen des Mannes verständlich erscheinen lassen. Die frühen Empfindungen lassen sich nur schwer als solche erkennen.

Aus einer Beratung:

Ein Mann schildert die Situation mit seiner Schwiegerfamilie. Seine Frau war vor mittlerweile mehr als zehn Jahren von ihrem Großvater sexuell missbraucht worden. Dem Rest der Familie war dies irgendwann bekannt geworden, jedoch erst als die Frau bereits erwachsen war und der Missbrauch aufgehört hatte. Sowohl die Tatsache des Missbrauchs als auch das Familienwissen darum wurden unter der Decke gehalten und der Großvater war auch weiterhin ein aktives Familienmitglied. Der Mann schildert seine Wut, die er empfand, als er bei einem Familienabendessen neben dem Großvater seiner Frau saß.

Mann: Ich hätte ihm am liebsten das Bierglas auf dem Kopf zerschlagen. Ich hatte eine riesige Wut, die ich kaum beherrschen konnte. Natürlich hätte das nichts gebracht, ich wäre dann vielleicht ins Gefängnis gekommen. Aber ich hatte solch eine Wut.

Berater: Und wie reagiert Ihre Frau, wenn der Großvater weiterhin so normal in die Familie integriert ist?

Mann: Ach, sie beschwichtigt. Sie sagt, dass das doch alles schon so lange her sei und damit für sie vorbei ist. Aber ich verspüre die Wut sofort, wenn ich den nur sehe.

Die Wut des Mannes scheint unmittelbar verständlich zu sein. Die Taten des Großvaters sind so verwerflich, dass es eine Zumutung ist, wenn er bei den Familienzusammenkünften anwesend ist und der Mann sogar noch neben ihm sitzen soll. Andererseits fällt auf, dass diejenige, die wirklich wütend sein müsste, es nicht ist, sondern sogar noch beschwichtigt. Diese Konstellation ist so verdreht, dass die Gefahr besteht, dass nicht derjenige ins Gefängnis kommt, der ein Kind missbraucht hat, sondern derjenige, der in der Wut darüber dem Großvater das Bierglas über den Kopf schlägt.

Diese Situation muss demnach in mehrfacher Hinsicht entwirrt werden: Warum deckt die Familie den Großvater? Warum beschwichtigt selbst die Frau das Ganze? Warum fällt es ihr so schwer, ihre Wut zu äußern? In was für einer Familienkonstellation ist sie aufgewachsen und welchen Platz haben dort ihre Empfindungen gehabt? Da aber lediglich der Mann, der eigentlich nicht zu dieser Familie gehört, vor dem Berater sitzt und von seiner heftigen Wut erzählt, lassen sich diese Fragen nur schwer beantworten. Stattdessen ist genauer zu untersuchen, was seine starke Reaktion auslöst, die, wenn er sich nicht beherrscht, zu heftigsten Konsequenzen führen kann.

Bei der Betrachtung der Paardynamik wird dann deutlich, dass der Mann die Wut der Frau auslebt. Sie wird in ihrem Inneren sehr wütend sein, vermag es aber nicht, diese Wut auszudrücken. Stattdessen erklärt sie die belastende Situation für abgeschlossen und versucht sich so zu beruhigen. Ihn aber macht bei genauem Hinsehen gerade dieses Verhalten seiner Frau wütend, und zwar aus zweierlei Gründen. Zum einen trägt nun er die Konsequenzen dieser Verdrängung in seiner Partnerschaft. Die Frau wird die Unterdrückung der Wut mit einem Verlust an Lebendigkeit bezahlen, was auch er mitzu-

3. Die frühe Not des starken Geschlechts

tragen hat. Vor allem aber wird er durch die Konstellation der Schwiegerfamilie an seine eigenen frühen Erfahrungen erinnert. Nicht, dass er selbst sexuellen Missbrauch in seiner Ursprungsfamilie erlebt hätte. Aber die unterdrückte Wut der Partnerin erinnert ihn fatal an das stille Leiden seiner Mutter, die in ihrer Ehe unglücklich war, sich aber nie offen dagegen aufzubegehren traute. Stattdessen war der Sohn, solange er zurückdenken konnte, wütend auf seinen Vater, der in seinen Augen Schuld an dem Leiden der Mutter hatte.

Die Wut des Mannes hat also keinesfalls ihren Ursprung in der Schwiegerfamilie und ihrem Umgang mit dem missbrauchenden Großvater, sondern in seiner eigenen Kindheitsgeschichte. Um seine heftigen Gefühle zu verstehen, ist es demnach wichtig, seine Kindheitskonstellation und die Beziehung zu seinen Eltern in den Blick zu nehmen. Das Schicksal seiner Frau mag ihn wirklich berühren. Er wird aber erst dann adäquat damit umgehen können, wenn er seine eigenen Impulse davon zu trennen vermag. Ansonsten besteht die Gefahr, dass er unangemessen reagiert und seiner Frau keine wirkliche Hilfe ist. Angenommen, er wäre wirklich gegenüber dem Großvater gewalttätig geworden und hätte ihn durch einen Schlag mit dem Bierglas getötet. Er wäre für Jahre ins Gefängnis gekommen und seine Frau wäre trotzdem nicht wirklich von dem, was ihr angetan wurde, befreit worden.

Die Gefühle des Mannes in diesem Beispiel sind zum einen interessant, weil sie zunächst als der realen Situation angemessen erscheinen. Niemand wird bestreiten wollen, dass der Großvater ein Verbrechen begangen hat, das zudem noch ungesühnt blieb, obwohl es allen bekannt war. Trotzdem ist die Wut des Mannes auf den Großvater unangemessen und führt zu keiner Lösung. Eine solche könnte es nur geben, wenn sich die als

Kind missbrauchte Frau ihren Verletzungen stellen und sich ihre Wut und Verzweiflung eingestehen würde. Natürlich ist das nicht einfach und führte für die Frau zu heftigen Belastungen. Deshalb muss ihr die Entscheidung zugestanden werden, diesen Weg nicht zu gehen, auch wenn sie dafür den Preis eingeschränkter Lebendigkeit zu entrichten hat. Aber gerade dann darf auch der Mann seine Wut nicht auf den Großvater richten. Er muss die Entscheidung seiner Frau akzeptieren. Da ihn jedoch die Wut förmlich übermannt, ist er aufgefordert, vertikale Differenzierungsarbeit zu leisten. Er muss die wirklichen Hintergründe *seiner* Wut erkennen. Erst dadurch wird ein angemessenes erwachsenes Verhalten ermöglicht.

Dies führt zu dem anderen Punkt, der erklärt, weshalb wir es hier mit einem richtungsweisenden Beispiel zu tun haben. Wenn wir beide Konstellationen vergleichen, die ursprüngliche Kindheitssituation des Mannes, die von Wut auf den Vater geprägt war, und die reale Situation, in der er den Großvater seiner Frau hasst, dann fällt eine wesentliche Gemeinsamkeit, aber auch ein Unterschied zwischen beiden Situationen auf. Die Gemeinsamkeit liegt darin, dass der Mann beide Frauen, seine Mutter und seine Ehefrau, als Opfer betrachtet. Während seine Frau dies als Kind jedoch tatsächlich war, gilt dies für seine Mutter nicht. Das ist der Unterschied, der sich allerdings sofort relativiert. Denn in der realen Beziehung, die der Mann mit seiner Frau eingegangen ist, ist diese nun auch erwachsen und mithin für sich und ihren Umgang mit dem damaligen Missbrauch selbst verantwortlich.

Die Kindheitssituation des Mannes wirft die Frage auf, warum der Junge, der er damals war, nur wütend auf den Vater ist, nicht jedoch auf die Mutter. Wenn es ihr in der Ehe wirklich so schlecht ergangen ist, warum hat sie dann lieber still gelitten, als sich gegen ihr Leiden zu wehren? Wenn wir nicht die real sehr seltene Ausnahmesituation annehmen wollen, dass sie gar keine andere Chance gehabt hat, muss sie aus der Situation irgendeinen Gewinn für sich gezogen haben. Und der lag zweifellos darin, dass sie gerade durch ihr stilles Leiden Macht ausgeübt hat. Zumindest können wir das an ihrem Sohn erkennen, der noch als Mann vom ritterlichen Impuls beherrscht wird, die Mutter vor dem Vater schützen zu wollen.

Ein anderer Mann beschrieb diese familiäre Konstellation in einem Workshop mit den Worten, dass seine Mutter «in leidender Position» gewesen sei. Einem Sachsen wie mir, bei dessen Aussprache die Grenze zwischen «D» und «T» verschwimmt, wird sofort die Doppeldeutigkeit dieser Aussage bewusst. Seine Mutter hat durch ihr Leiden die Familie geleitet, sie hat damit Macht ausgeübt.

Die zentrale Stellung der Mütter

Nach meinen Erfahrungen aus der Männerarbeit hat die gerade beschriebene, sehr verbreitete Konstellation für die geschlechtsspezifische Sozialisation eine große Bedeutung. Auch wenn es auf den ersten Blick oft nicht den Anschein haben mag, wird die familiäre Macht sehr oft von den Müttern ausgeübt – ein Umstand, der entscheidende Bedeutung für die Entwicklung von Jungen und für das Geschlechterverhältnis hat. Gerade weil diese Aussage mit Sicherheit heftigen Widerspruch hervorrufen wird, soll sie ausführlicher erläutert werden.

Insbesondere in der ersten Lebenszeit eines Kindes ist seine Beziehung zu Mutter und Vater nicht gleich zu bewerten. Ein Kind wächst im Bauch seiner Mutter heran und lebt mit ihr

Die zentrale Stellung der Mütter

vor der Geburt in unvergleichlicher Symbiose. Ein Kind ist ohne Mutter nicht lebensfähig. Dies bedeutet zugleich, dass es bereits zu dieser Zeit an ihrem Leben, ihren Ängsten und Freuden, ihrem Ärger und ihrer Lust Anteil hat. Diese unbedingte Abhängigkeit setzt sich auch in den ersten Lebensmonaten fort und charakterisiert die Einzigartigkeit der Mutter-Kind-Beziehung. Der Vorgang des Stillens, aber auch die Fortsetzung der emotionalen Verbindung zwischen Mutter und Kind sind für die erste Zeit nach der Geburt bestimmend.

In der unbedingten Ursprünglichkeit der Mutter-Kind-Beziehung liegt eine strukturelle Ungleichheit zwischen Mutter und Vater. Strukturell bedeutet hier, dass sie biologisch fundiert ist, mithin zur Struktur des Menschen gehört. Eine Negation dieses Ungleichgewichts kann nur um den Preis massiver frühkindlicher Störungen erzwungen werden. Wir haben es also keinesfalls mit einem vernachlässigbaren «kleinen Unterschied» zu tun.

Die Exklusivität der Mutter-Kind-Beziehung schließt eine große Verantwortung der Mutter ein. Denn ein Kind hat grundlegende Erwartungen an sie: Sie soll da sein, was nicht nur die physische Anwesenheit, sondern zugleich emotionale Präsenz bedeutet. Ein Kind erwartet von seiner Mutter, dass sie seine Bedürfnisse erkennt und erfüllt – und auch damit sind nicht nur Nahrung und ein warmer Schlafplatz gemeint. Sie soll ihm vielmehr auch Geborgenheit und Sicherheit geben.

Bei all dem geht es sowohl um die Befriedigung der unmittelbaren äußeren Bedürfnisse als auch um eine grundlegende innere Verbundenheit zwischen Mutter und Kind. Es ist irrig anzunehmen, diese innere Verbundenheit könne ein Vater in gleicher Weise gewährleisten. Zum einen fehlen ihm – zumindest teilweise – dafür die biologischen Voraussetzungen. Zum

3. Die frühe Not des starken Geschlechts

anderen ist er kein Teil der ursprünglichen, symbiotischen Beziehung. Er ist ein hinzugekommener Dritter mit einer eigenen, wichtigen Funktion. Es wird noch zu beschreiben sein, worin seine ganz spezifische Aufgabe besteht. Aber zuallererst ist die strukturelle Ungleichheit zwischen Vater und Mutter festzustellen. Diese bedeutet eine ungleich größere Verantwortung der Mutter für das Kind, infolgedessen aber auch einen deutlich größeren Einfluss auf dessen Entwicklung in der ersten Lebenszeit. Die Unterschiede zwischen Mutter und Vater relativieren sich mit den Jahren. Aber gerade die erste, für das Leben eines Menschen sehr entscheidende Zeit ist durch einen größeren Einfluss und eine größere Verantwortung der Mutter charakterisiert.

Die strukturelle Ungleichheit zwischen Mutter und Vater in der ersten Lebenszeit eines Kindes hat Konsequenzen. Zum einen lässt sie die Mutter zu *der* zentralen Sozialisationsinstanz eines Kindes werden. Daraus bildet sich zweitens unweigerlich auch eine Geschlechtsspezifik heraus, die nicht zu vermeiden, sondern nur bewusst zu gestalten ist. Und drittens hat diese Konstellation Konsequenzen für das Geschlechterverhältnis.

Die dunklen Seiten der Mütterlichkeit

Die erste Lebenszeit, die vom Heranwachsen im Mutterbauch über die Geburt bis etwa zum Ende des ersten Lebensjahres reicht, bringt erste und mithin grundlegende Erfahrungen für das Kind mit sich und prägt die Entwicklung eines Menschen besonders stark. Auf dieser Grundlage bildet sich das heraus, was wir Persönlichkeit oder auch Charakter nennen. Psychologie und Hirnforschung sind sich einig, dass es

Die dunklen Seiten der Mütterlichkeit

trotz aller weiteren Veränderbarkeit des eigenen Verhaltens auch im weiteren Leben – außer bei massiven Verletzungen des Gehirns – keine Persönlichkeitsänderungen mehr gibt.

In der ersten Lebenszeit werden also grundlegende Sicht- und Verhaltensweisen geprägt. Etwa die Sicherheit, mit der ein Mensch durch das Leben geht und äußere Erschütterungen bewältigt. Oder das Vertrauen, mit dem er sich selbst und anderen Menschen begegnet. Und natürlich spielt die Erfahrung von Sinn eine entscheidende Rolle. Ein Baby, das erfährt, dass sein Schreien gehört wird und damit Sinn macht, wird auch im späteren Leben wenig Zweifel an der Sinnhaftigkeit angemessenen Handelns haben.

Aus einer Männergruppe:
Mann: Ich habe Schwierigkeiten, mich im Job zu präsentieren, obwohl ich es dringend machen müsste, um Aufträge zu bekommen. Mir erscheint das sinnlos. Ich habe Angst, nicht zu genügen und mich lächerlich zu machen.
Die Männer in der Gruppe steigen – männertypisch – darauf ein, indem sie Tipps für die Lösung des Problems geben. Sie schlagen vor, was der Betreffende konkret tun könnte, um die Angst zu überwinden und es sich etwas leichter zu machen. Diese Tipps sind auch gut, aber sie treffen nicht den emotionalen Kern des Problems. Auf Vorschlag des Gruppenleiters schildert der Mann daher sein Kindheitsempfinden. Es geht darum, wie er als Person mit seinen Empfindungen von den Eltern wahrgenommen wurde und wie er sich Aufmerksamkeit verschafft hat.
Er schildert nun, dass die Kraft und Lebendigkeit, die er als Kind besaß, in seiner Familie nicht wahrgenommen wurden. Er sei mehr oder weniger «mitgeschwommen». Seine Mutter war vor allem mit sich und ihren eigenen Problemen beschäftigt. Als er fünf war, haben sich die

3. Die frühe Not des starken Geschlechts

Eltern getrennt und sein Vater war somit im Alltag nicht mehr da. Aufmerksamkeit erhielt er immer nur, wenn er negativ auffiel – und selbst das war schwer berechenbar. Auf die Frage des Gruppenleiters, was er bei dieser Erinnerung fühlt, sagt er als Erstes, dass sie schmerzt.

Das Beispiel zeigt einmal mehr, wie stark Erfahrungen aus der Kindheit das erwachsene Leben bestimmen und oftmals auch erschweren. Es geht um die so simple wie wichtige Notwendigkeit, eigene Aufträge zu akquirieren, um den Lebensunterhalt bestreiten zu können. Aufträge einfach so zu bekommen, ohne die Mühe der Akquisition zu haben, ist Ausdruck kindlicher Ansprüche an das Leben. Als Kind sollte man selbstverständlich Aufmerksamkeit erhalten, das ist das gute Recht des Kindes. Als Erwachsener ist es genauso selbstverständlich, sich Aufmerksamkeit und damit Aufträge erarbeiten zu müssen. Dass dem Mann das nunmehr Selbstverständliche so schwer fällt, hat etwas damit zu tun, dass ihm sein früher Anspruch zu wenig erfüllt wurde. Seine Mutter war zu sehr mit sich beschäftigt, sein Vater im Alltag nicht präsent. Er sollte möglichst pflegeleicht sein, nur wenig Aufmerksamkeit beanspruchen und im Alltag «mitschwimmen». Mit solchen Erfahrungen ausgestattet *muss* es schwerfallen, als Erwachsener diese Aufmerksamkeit herzustellen. Einerseits hat er gelernt, dass er das nicht darf, andererseits arbeitet in seiner Seele die Hoffnung, das frühe Bedürfnis doch noch erfüllt zu bekommen, also von der alten Not befreit zu werden.

Doch müssen wir in der Deutung dieses Beispiels noch einen Schritt weiter gehen. Denn auch in diesem Fall reichen die Anfänge der geschilderten Problematik weiter zurück, als es die Erinnerung des Mannes hergibt. Auch hier geht es um die erste Zeit des Lebens dieses Mannes. Zwei Punkte lassen diesen

Die dunklen Seiten der Mütterlichkeit

Schluss zu. Zum einen ist der Analogieschluss wichtig: Wenn der Mann als Kind – soweit seine Erinnerung reicht – zu wenig Aufmerksamkeit für sich, seine Bedürfnisse und seine Lebendigkeit bekommen hat, ist es sehr unwahrscheinlich, dass dies in den ersten Monaten seines Lebens anders war. Das Problem der ersten Lebenszeit ist jedoch, dass ein Baby alternativlos auf die Mutter angewiesen ist. Mit ihr lebt es in einer exklusiven Beziehung, ihre Aufmerksamkeit braucht es. Daher prägt diese Erfahrung in besonderer und nachhaltiger Weise. Später kann es andere Menschen geben, die das Defizit etwas mildern. Das Aufmerksamkeitsdefizitsyndrom, von dem vergleichsweise viele Kinder betroffen sind, macht, wenn man den Begriff entgegen der geläufigen Auffassung versteht, schon im Namen deutlich, worum es geht. Die betroffenen Kinder leiden unter Aufmerksamkeitsdefiziten, können sich in der Folge auch nicht anderen Menschen oder Themen aufmerksam zuwenden und erreichen so, wenn auch negativ attribuiert – Aufmerksamkeit.

Die Möglichkeiten eines Babys sind da deutlich begrenzter. Es kann schreien – solange die Kraft reicht. Es kann krank werden. Oder es kann versuchen, sich anzupassen, um damit wenigstens etwas liebevolle Zuwendung zu bekommen («Ist unser Baby nicht süß? Es ist so pflegeleicht und es lacht immer, wenn ich es auf den Arm nehme»). Der Mann in diesem Beispiel scheint sich vor allem angepasst zu haben, und das ist der zweite Grund, weswegen die Ursprünge der in dem Beispiel geschilderten Problematik in den ersten Lebensmonaten zu verorten sind. Er hat sich so sehr angepasst, dass er die negativen Gefühle, die mit seinem Aufmerksamkeitsdefizit verbunden sind, auf sich nimmt. Er begehrt nicht auf, er wird nicht wütend. Vielmehr hat er resigniert und empfindet Schmerz. Auf diese Weise richtet er seine berechtigte Wut gegen sich

3. Die frühe Not des starken Geschlechts

selbst und reagiert depressiv. Kein Wunder, dass es ihm später schwerfallen wird, auf sich aufmerksam zu machen. Um als erwachsener Mann für sich und seine Arbeit eintreten zu können, muss man herangehen – *aggredere*. «Aggredere» ist die lateinische Ursprungsform von Aggressivität und bedeutet genau das: «Herangehen». Es ist Ausdruck von Lebendigkeit und der Fähigkeit, für sich und seine Bedürfnisse einzutreten. Genau das fehlt dem Mann. Die Resignation, die ihn befallen hat, hat sich tief in seine Persönlichkeitsstruktur eingeschrieben, sie ist zu seinem Charakter geworden. Hätte er erst später die Erfahrung mangelnder Aufmerksamkeit gemacht, würde er wahrscheinlich stärker dagegen aufbegehrt haben.

Egal ob Mann oder Frau – bei den wesentlichen Persönlichkeitsproblemen haben wir mit sogenannten Frühstörungen zu tun. Ihr Ursprung liegt in der ersten Lebenszeit eines Kindes, in der die Mutter eine herausgehobene Bedeutung besitzt. Die Ursache der Frühstörungen lässt sich daher in einem ersten Schritt als Begrenzung von Mütterlichkeit beschreiben. Die Erfüllung elementarer Bedürfnisse ist nicht gewährleistet. Die emotionale Verbundenheit der Mutter mit ihrem Kind ist wenig, manchmal gar nicht vorhanden.

Der Psychotherapeut Hans-Joachim Maaz hat sich mit dieser Problematik in seinen beiden Büchern *Der Lilith-Komplex*[19] und *Die Liebesfalle*[20] beschäftigt. Dabei hat er auf der Grundlage seiner langjährigen psychotherapeutischen Erfahrung eine Klassifizierung der Frühstörungen vorgenommen. Er beschreibt deren Entstehung, indem er konsequent die zentrale Stellung der Mutter für die frühe Entwicklung eines Kindes betrachtet. Natürlich handelt kaum eine Mutter aus bewusster Bösartigkeit. Vielmehr ist sie in ihrem Handeln von ihrer eigenen Lebensgeschichte geprägt, die wiederum im Kontext ihrer

Die dunklen Seiten der Mütterlichkeit

Partnerbeziehung, ihres sozialen Netzwerks und der Gesellschaft als ganzer zu sehen ist. Aber für das Kind selbst ist die Mutterbeziehung entscheidend – die Frühstörungen werden durch die Mutter «vermittelt». Wie noch festzustellen sein wird, ist die Leugnung dieser Tatsache als eines der entscheidenden Probleme bei der Entwicklung eines Kindes zu sehen. Und auch das im ersten Kapitel dargestellte irrational motivierte Geschlechterverhältnis in unserer Gesellschaft findet hier seinen Ausgangspunkt.

Maaz nennt drei Formen von Mütterlichkeitsstörungen:[21]

1. *Mutterbedrohung:* «Ist ein Kind nicht wirklich gewollt, so ist seine Existenzberechtigung von Anfang an grundsätzlich in Frage gestellt.» Mit «nicht gewollt» ist dabei nicht nur die bewusste Ablehnung des Kindes gemeint. Auch unbewusst, also auf nonverbal emotionaler Ebene vermittelt sich Ablehnung, wird aber vom Kind trotzdem in all seiner Bedrohung, Verunsicherung und Gefährdung wahrgenommen. «Die nicht gewollten Kinder finden keine eigene Identität, sie bleiben orientierungslos, ohne wirkliche Sinnerfahrung.»

2. *Muttermangel:* «Muttermangel entsteht, wenn die Mutter zu wenig für ihr Kind da ist, entweder ganz real zu wenig präsent ist oder auch dem Kind nicht in ausreichendem Maße liebevoll zugetan ist.» Das Kind ist dann zwar gewollt, aber es muss schnell lernen, nicht zu viel zu wollen, genügsam zu sein. «Das Kind fürchtet dann in der Regel, dass es selbst daran schuld sei, nicht genug geliebt zu werden, dass es wegen irgendwelcher Eigenschaften, Fehler oder Schwächen nicht liebenswert sei.» Die Konsequenz für das spätere Leben ist eine leistungsorientierte Grundhaltung, die innerhalb der Psychologie als «Narzissmus» bezeichnet wird. Sie ist davon

3. Die frühe Not des starken Geschlechts

gekennzeichnet, sich durch Anstrengungen, Leistungen und Gehorsam Anerkennung und «Liebe» zu verdienen.

3. *Muttervergiftung:* «Wenn das Kind die Erfahrung machen muss, dass mütterliche Bestätigung und Zuwendung daran geknüpft sind, dass es sich wie erlaubt und erwünscht verhält, resultiert daraus eine schwere Entfremdung. Das Kind wird nicht in seiner Individualität gefördert, sondern muss sich den mütterlichen Erwartungen und Vorstellungen anpassen.» «Später glauben diese Menschen fast immer, sie hätten eine gute Kindheit und eine sehr fürsorgliche, sich aufopfernde Mutter gehabt ... Allmählich wurde die Anpassung an die mütterlichen Wünsche und Erwartungen so selbstverständlich, dass eine eigene, davon abweichende Innerwelt gar nicht mehr wahrgenommen wurde. Erst viel später, wenn es darauf ankommt, für sich selbst zu sorgen, eigene Entscheidungen zu treffen, in einer von der Mutter entfernten Welt zurechtzukommen, wird die stattgefundene Verbiegung angesichts der Rat- und Hilflosigkeit gegenüber den neuen oder andersartigen Anforderungen deutlich.» Dann besteht die Gefahr, sich «Ersatzmütter» zu suchen. Für Männer sind das zumeist die Firma oder die Partnerin.

Die Beziehung zur Mutter in der ersten Lebenszeit, wozu auch die Entwicklung im Mutterleib gehört, ist für das Kind und seine Persönlichkeitsbildung von entscheidender Bedeutung. Deshalb schreiben sich die dargestellten Mutterstörungen tief in die Seele ein. In den dargestellten Beispielen des Manns im Cafe oder dessen, der Schwierigkeiten hat, sich aktiv um neue Aufträge zu bemühen, oder des anderen, der Probleme hat, von seiner Frau zu verlangen, dass sie arbeiten geht, sind frühe Persönlichkeitsprägungen zu erkennen. Sie finden ihren Ursprung in den drei beschriebenen Formen von Mütterlichkeitsstörungen. Selbstverständlich treten sie nicht isoliert voneinander auf, sondern durchdringen sich wechselseitig. Der Mann, der Schwierigkeiten hat, Aufträge für sich zu akquirieren, leidet an einem frühen «Muttermangel». Er hat zu wenig Aufmerksamkeit bekommen und daher ein mangelndes Selbstwertgefühl. Indem er sich anpasste und seine Wut in sich begrub, entfremdete er sich von seinen Bedürfnissen und wurde zum «Mutterbediener».

Die von Maaz als Folge der Mütterlichkeitsstörungen genannten Persönlichkeitsmerkmale zeigen sich auch in der dargestellten Männerdiskussion: Fehlende Identität, Unsicherheit, Außenorientierung, Haltlosigkeit und Abhängigkeit sind zentrale Merkmale der Persönlichkeit vieler Männer, die – wie beschrieben – durch falsche Stärke und verlogene Schwäche verdeckt werden.

Da es sich bei den beschriebenen Frühstörungen wie beim Sozialisationsprozess um Einzelschicksale handelt, ist die Ausprägung dieser Merkmale individuell verschieden. In diesem Sinne steht jeder Mann für sich. Doch in meinen Ausführungen soll es bei aller individuellen Verschiedenheit um das gehen, was in unserer Gesellschaft unter Männlichkeit verstanden wird, welches Bild vom Mann unsere Gesellschaft heute hat. Dabei wird deutlich, dass die Konsequenzen des derzeitig dominierenden gesellschaftlichen Männerbildes dem entspricht, was die Mutterstörungen bewirken: «Du hast keine Berechtigung!», «Erwarte nicht zu viel, halte dich zurück!» und «Tu, was von dir verlangt wird!» Dieser Befund ist insofern interessant, weil wir wie selbstverständlich von einer patriarchalischen Gesellschaft ausgehen, in der die Männer das Geschehen zu bestimmen scheinen. Und in der Tat: Die posi-

3. Die frühe Not des starken Geschlechts

tiven Wurzeln des Feminismus gehen geradezu auf ein Aufbegehren gegen die genannten Aussagen zurück. Frauen kämpfen für ihre Gleich*berechtigung*, sie wollen sich nicht mehr zurückhalten und sie wollen nicht einfach nur tun, was von ihnen verlangt wird. Genau in diesem Sinn ist der Feminismus nicht nur berechtigt, sondern notwendig.

Der Fehler liegt darin, dass als hauptsächlicher Verursacher des Elends der Frauen die Männer angesehen wurden, von denen man annahm, sie wären selbstbestimmt genug, zu wissen, was sie wollen und tun. Und davon sollten sie nun abgeben. Doch bei genauerem Hinsehen wird sehr schnell deutlich, dass die beschriebenen Mutterstörungen Frauen und Männer gleichermaßen treffen. Vielleicht gibt es geschlechtsspezifische Akzente. Mir scheint beispielsweise, dass es mehr Männer als Frauen mit narzisstischer Problematik gibt. Aber dabei handelt es sich keinesfalls um generelle Erscheinungen. Die aus den Mütterlichkeitsstörungen resultierenden Konsequenzen für das erwachsene Leben und für die gesellschaftliche Situation sind für Frauen und Männer gleich.

In diesem Zusammenhang möchte ich noch einmal betonen, dass es sich bei den Mütterlichkeitsstörungen zwar um ein individuelles Geschehen zwischen Mutter und Kind handelt, die einzelne Mutter aber keine persönliche Schuld daran trägt und auch nur selten eine böse Absicht dahintersteckt. Es kann nicht darum gehen, Mütter für schuldig zu erklären und an den Pranger zu stellen. Keine Frau ist in der Lage, immer nur Ja zu ihrem Kind sagen, keine Mutter kann unbegrenzt geben, ohne an die Grenze ihrer Fähigkeiten zu geraten. Jede Frau hat auch eigene Bedürfnisse, verbunden mit der Gefahr, ihr Kind dafür zu missbrauchen. Das Problem sind nicht die Begrenzungen, denen jede Mutter unterliegt. Es sind auch nur selten ihre

Die dunklen Seiten der Mütterlichkeit

dunklen Seiten, die sie wie jeder Mensch hat. Das Problem ist die Leugnung dieser Begrenzungen und dunklen Seiten. Das Problem ist, dass so getan wird, als seien die Mütter vor allem gut und als läge das Problem vor allem bei den Vätern.

Es fällt auf, dass in unserer Gesellschaft die Fehler der Väter viel öfter thematisiert werden. Im Kontext der Missbrauchsdiskussion stehen fast nur Väter am Pranger. Und auch wenn das oft zu Recht geschieht, wird doch der ebenfalls vorhandene Missbrauch der Kinder durch ihre Mütter gesellschaftlich fast völlig ausgeblendet. Natürlich handelt es sich dabei nur selten um sexuellen Missbrauch, der in besonderer Weise im Fokus der Öffentlichkeit steht. Aber der Missbrauch, dem viele Kinder durch ihre Mütter ausgesetzt sind, ist nicht weniger schlimm. Es ist zumeist Missbrauch der Seele. Auch hier nutzt ein Erwachsener das Kind für die eigenen Bedürfnisse aus und die seelischen Schäden sind ebenfalls erheblich.

Dass der Missbrauch von Kindern durch ihre Mütter in der Öffentlichkeit kaum eine Rolle spielt, hat zwei Gründe. Zum einen ist er viel alltäglicher und damit unauffälliger. Zum anderen geht er von der Person aus, von der sich das Kind völlig abhängig fühlt. Es ist für ein kleines Kind nicht nur nicht zu begreifen, was die Mutter mit ihm macht. Es *darf* es auch nicht begreifen, weil damit das eigene Leben in Frage steht. Die Symbiose zwischen Mutter und Kind ist in der Biologie des Menschen verankert, weshalb es keine andere Wahl hat, als den Ist-Zustand als gegeben anzunehmen. Ein Kind kann – zumindest in den ersten Jahren – nicht gegen die Mutter aufbegehren. Es muss daher andere Strategien entwickeln, um zurechtzukommen, manchmal gar, um zu überleben. In der Regel besteht diese Strategie in einer Anpassung an die mütterlichen Erwartungen.

3. Die frühe Not des starken Geschlechts

Das Problem verschärft sich jedoch dadurch, dass dieser «Mutterschutz» noch von den Erwachsenen aufrecht erhalten wird. Die Leugnung der Mutterstörungen durch die Erwachsenen und der Niederschlag, den diese Leugnung in der Gesellschaft findet, bezeichnet Maaz als «Lilith-Komplex». Er besteht in der Leugnung der dunklen Seiten von Mütterlichkeit und der Idealisierung der Mütter. Der Lilith-Komplex macht es nicht nur vielen Menschen – Frauen wie Männern – schwer, sich von Kindheitszwängen zu befreien, er vergiftet auch das Geschlechterverhältnis. Denn wenn die Mutter und mit ihr alle Frauen als undifferenziert gut und schutzbedürftig angesehen werden, kann sich kein Miteinander entwickeln. Indem die wirklichen Ursachen der eigenen Not und Unzufriedenheit nicht gesehen werden, können sich Frauen und Männer nicht als Geschwister im besten Sinn begreifen, die ähnliche Schicksale durchmachen und von einem gelingenden Leben gleich weit entfernt sind. Statt Solidarität zu entwickeln, hoffen sie, die jeweils andere Seite möge nun endlich das Glück bringen, und machen sie im Fall des Misslingens für ihr Unglück verantwortlich.

Väterlichkeitsstörungen

Die individuellen Wurzeln der Leugnung der dunklen Seiten der Mütterlichkeit gründen in der ursprünglich symbiotischen Beziehung des Kindes zur Mutter. Ein Kind erlebt sich derart abhängig von der Mutter – und ist es in der ersten Lebenszeit ja auch tatsächlich –, dass es nicht in der Lage ist, emotionale Distanz zu ihr zu entwickeln. Doch was zunächst die Grundlage von Sicherheit und Urvertrauen ist, kann in der Folge dazu führen, dass es für das Kind unmöglich wird, sich

Väterlichkeitsstörungen

von der Mutter abzugrenzen und beispielsweise auf sie wütend zu sein. Spätestens an dieser Stelle wird deutlich, dass der Vater eine zentrale Aufgabe für die Entwicklung eines Kindes innehat. Denn er muss dem Kind und der Mutter helfen, die ursprüngliche und anfänglich auch notwendige Symbiose nach und nach aufzulösen und so mehr Eigenständigkeit im Verhältnis zueinander zu entwickeln.

Der Fachbegriff hierfür lautet «Triadifizierung» und meint, dass der Vater aktiv in die Mutter-Kind-Beziehung eingreifen muss. Denn beide haben es schwer, die Loslösung voneinander zu vollziehen; ohne einen hinzukommenden Dritten ist dies kaum möglich. Ein Kind kann sich nicht von der Mutter lösen, wenn es niemanden gibt, der es dabei hält und begleitet. Es wird – um ein zentrales Entwicklungsbeispiel zu nennen – seine ersten selbständigen Schritte nie ins Leere gehen. Es wird die Mutter erst loslassen, wenn es zu jemanden hinlaufen kann. Ich erinnere mich an einen Mann in einem Workshop, der verzweifelt weinte, weil er von der Mutter wegwollte, um sich aus ihrem Zugriff zu befreien. Er fand jedoch in seiner Haltlosigkeit keinen Weg, als sich diesem Schicksal zu ergeben. Ihm fehlte jemand, der ihn auffing, der ihn an die Hand nahm und ihm vermittelte, dass dies normal und richtig ist. Ihm fehlte sein Vater.

Um die Vater-Mutter-Kind-Konstellation zu verdeutlichen, führen wir in den Männerworkshops gerne folgendes Beispiel an: «Ein Kind entdeckt erstmals auf den Armen des Vaters, dass es ein von der Mutter getrenntes, eigenständiges Wesen ist.» Und diese Erfahrung ist wichtig, um sich nach und nach von ihr zu lösen und sie darin, was sie dem Kind gibt, aber ebenso, was sie ihm antut, realistisch betrachten zu können. Denn nur dieser Realismus kann helfen, sich später von den frühkindlichen Ängsten und Sehnsüchten freizumachen.

3. Die frühe Not des starken Geschlechts

Aus einer Männergruppe:

Mann: Mein Vater zog sich aus der Familie zurück. Immer war er mit seiner Arbeit beschäftigt. Selbst wenn er zu Hause war, kam ich nur selten an ihn heran. Ich glaube sogar, dass er fremdgegangen ist, auch wenn ich das nicht genau weiß. Wir waren also völlig auf unsere Mutter bezogen. Zwar kann ich heute sagen, dass mich ihre Bedürftigkeit maßlos überfordert hat, sie hat damit meine Seele überschwemmt und ich wurde so richtig zum Mutterdiener. Aber ich habe schon als Jugendlicher vor allem meinen Vater verachtet. Damals dachte ich noch, ich verachte ihn, weil er meine Mutter so schlecht behandelt. Aber heute weiß ich, dass ich ihn verachtete und auch jetzt noch verachte, weil er nicht bei uns war, weil er uns mit der Mutter und ihrer Bedürftigkeit allein gelassen hat.»

Ein anderer Mann: Bei meinen Eltern war es ein Drama. Beide waren noch sehr jung, unter zwanzig. Sie lernten sich beim Tanzen kennen und sie wurde schwanger. Für beide war es ein Schock. Ursprünglich wollte mein Vater in den Westen gehen, um dort zu studieren, was ihm hier aufgrund politischer Schwierigkeiten nicht möglich war. Doch als meine Mutter schwanger wurde, gab er diese Pläne auf und arbeitete als Schlosser in einer Fabrik. Er wollte meine Mutter nicht hängen lassen, aber er war ebenso unzufrieden mit der Situation wie sie selbst. Beide stritten sich unablässig. Trotzdem blieben sie zusammen. Dann wurde auch noch meine Schwester geboren. Doch die Streitereien hörten nicht auf.

Zum Schluss trennten sie sich doch; meine Mutter ist bis heute wütend auf ihn und rechnet ihm ihre verlorene Jugend an. Mein Vater aber hat sich aufgegeben. Er saß wie in einer Falle. Er hatte allen beruflichen Ehrgeiz aufgegeben und bis zur Rente in dem Betrieb weitergearbeitet – immer als Schlosser – obwohl er sehr intelligent war.

Väterlichkeitsstörungen

Sein ganzes Geld hat er uns Kindern gegeben und uns Geschenke gemacht. Aber es gab nie mehr ein Miteinander zwischen meiner Mutter und meinem Vater. Er musste mir und meiner Schwester Weihnachten die Geschenke an der Tür überreichen. Er durfte nicht hereinkommen und machte dabei eine jämmerliche Figur. Und wenn wir zu ihm gegangen sind, hat meine Mutter bösartige Bemerkungen gemacht. Sie hat nie ein Hehl daraus gemacht, dass sie ihn hasst. Und er hat alles hingenommen. Das einzige, was er bekam, war unsere Freude über die Geschenke und unser Mitleid, das bis heute anhält. Er ist eine traurige Gestalt.

So unterschiedlich beide Beispiele auf den ersten Blick scheinen mögen, so ähnlich sind sie sich hinsichtlich ihrer Folgen. Beide Väter vermögen es nicht, ihren Kindern beizustehen. Beide Väter helfen den Kindern nicht, sich aus der engen Bindung zur Mutter zu lösen. Das erste Beispiel ist sicher häufiger anzutreffen. Der Vater zieht sich aus der Familie zurück, stürzt sich in Arbeit oder in ein Hobby, er geht fremd oder resigniert still und ist für die Kinder kaum zu erreichen. Entgegen verbreiteter Ansicht ist es jedoch nicht so sehr die wirkliche Abwesenheit des Vaters, die für die Kinder traumatisierend wirkt, es ist vor allem die emotionale Unerreichbarkeit. Väter, die ihren Kindern nicht helfen, die exklusive Beziehung zur Mutter aufzulösen oder zumindest abzuschwächen, fehlen ihren Kindern vor allem dadurch, dass sie für die Nöte und Sorgen ihrer Kinder nicht erreichbar sind. Stattdessen sind sie zumeist sehr schnell bereit, auf Seiten der Mutter gegen die Kinder vorzugehen.

Aus einem Männerworkshop:
Mann: Ich habe mich einmal getraut, wütend auf meine Mutter zu sein. Sie hatte mir gesagt, dass ich erst meine Hausaufgaben machen soll,

3. Die frühe Not des starken Geschlechts

bevor ich nach draußen spielen gehen darf. Ich habe das Lineal nach ihr geschmissen. Ich hatte gar nicht den Eindruck, laut gewesen zu sein. Dennoch kam mein Vater, der sich zwei Zimmer weiter aufhielt, sofort angestürmt und schrie mich an. Er drohte mir, dass es «etwas setzen würde», wenn ich weiter so mit meiner Mutter umginge. Er hat überhaupt nicht gefragt, was los war und warum ich wütend wurde. Ich habe ihn gehasst.

Die Ursache dafür, dass Väter in solchen Situationen sich häufig auf Seiten der Mütter gegen ihre Kinder stellen, liegt in ihrer eigenen frühen Muttergebundenheit. Auch sie konnten sich als Kind nicht wirklich aus der zu engen Bindung zu ihrer Mutter lösen. Nun als erwachsene Väter helfen sie ihren Kindern ebenfalls nicht und lassen sie oft im Stich. Indem sie zu wenig offen für ihre Kinder sind, ihnen zu wenig beistehen und sie auch noch sehr schnell verraten, unterstützen sie sie nicht nur nicht bei ihrer eigenen Entwicklung – sie behindern sie regelrecht. Denn wenn ein Vater sehr schnell bereit ist, sich auf Seiten der Mutter gegen die Kinder zu stellen, ohne die Sachverhalte zu prüfen und differenziert zu reagieren, wird er den ganzen kindlichen Hass abbekommen und die symbiotische Mutter-Kind-Beziehung eher verfestigen.

Der Vater, der seine Lebenschancen aufgibt, um – vermeintlich – für seine Kinder da zu sein und sich seiner Verantwortung zu stellen, passt zunächst nicht in das Schema des abwesenden Vaters – außer dass er durch die Trennung der Eltern im Alltag nicht präsent ist. Trotz aller realen Schwierigkeiten, die aus dem Scheitern der Beziehung zur Mutter der Kinder entstanden sind, scheint er sich um seine Kinder zu kümmern. Doch auch hier fällt auf, dass er sich nicht wirklich im Sinne seiner Kinder durchsetzen kann. In dieser Konstellation hatte er auch vermutlich keine Chance dazu. Aber indem er sich aufgibt und ein depressives Leben führt, können die Kinder nur Mitleid mit ihm empfinden. Auch sie können sich nicht – nicht einmal innerlich – aus der engen Beziehung zur Mutter lösen. Hätte er sein Leben in die eigenen Hände genommen – wäre er vielleicht wie geplant in den Westen gegangen, um zu studieren –, hätten die Kinder besser darauf reagieren können. Sie wären wütend auf ihn gewesen, denn sein elterliches Versagen wäre offensichtlich gewesen. Aber vielleicht hätten sie *auch* stolz auf ihn sein können. So aber haben sie nur Mitleid. Sie schämen sich für ihn und fühlen sich in seiner Gegenwart gelähmt. Sein Ausweichen vor seiner Verantwortung besteht darin, dass er sich und seine Lebendigkeit aufgibt und das Leiden vorzieht.

Etwa ab Ende des ersten Lebensjahrs ist es für die Entwicklung eines Kindes dringend notwendig, dass sich die enge Mutter-Kind-Beziehung lockert und das Kind emotionale Freiräume gewinnt. Nur so wird es ihm möglich sein, der Mutterverklärung zu entkommen und mithin auch emotionale Distanz zu eigenen frühen Prägungen zu gewinnen. Eine solche Distanz aber ist unerlässlich zur Entwicklung vertikaler Differenzierung, die wiederum Voraussetzung für die Ausbildung eigenständiger Männlichkeit ist.

Doch so wie viele Menschen in ihrer weiteren Lebensentwicklung unter den Folgen gestörter Mütterlichkeit leiden, trifft dies auch auf die Folgen gestörter Väterlichkeit zu. Der Unterschied ist, dass die Mütterlichkeitsstörungen die früheste Zeit der individuellen Entwicklung betreffen und aus der notwendigen Mutter-Kind-Symbiose resultieren. Die Väterlichkeitsstörungen hingegen treffen ein Kind erst in der sogenannten Separation-Differenzierungsphase,[22] die etwa mit dem zweiten Lebensjahr beginnt. Sie betreffen infolgedessen auch nicht das

3. Die frühe Not des starken Geschlechts

Abhängigkeitsthema. Aber sie sind Ausdruck des Versagens vieler Väter, ihren Töchtern und Söhnen ein adäquater Halt zu sein und ihnen so die Einseitigkeit mütterlicher Sozialisation zu ersparen. Die Folgen sind ebenso problematisch, weil durch die Väterlichkeitsstörungen die kindliche Mutterbindung verfestigt und damit in der Folge der Lilith-Komplex, also die Leugnung der frühen Mütterlichkeitsstörungen, bestimmend wird. Die spätere vertikale Differenzierung wird mithin erschwert.

Auch für die Väterlichkeitsstörungen beschreibt Maaz drei Formen: «Vaterterror», «Vaterflucht» und «Vatermissbrauch».[23] «Vaterterror» resultiert aus einem Konkurrenzgefühl gegenüber dem Kind. Es entsteht aus der Eifersucht um mütterliche Zuwendung und dem Nichteingeständnis, dass der Vater selbst aus seiner Kindheit diese Defizite mit sich trägt. Dies mündet in einer Ablehnung kindlicher Lebendigkeit.

«Vaterflucht» oder – wie ich es in einem Aufsatz beschrieben habe – «Vaterabwesenheit»[24] wird sehr häufig gerade von Jungen beklagt. Der Vater ist physisch, viel öfter jedoch psychisch abwesend und für die Kinder nicht wirklich erreichbar. Seine zentrale Botschaft an seine Töchter und Söhne lautet in den Worten von Maaz: «Ich interessiere mich nicht für dich.»

«Vatermissbrauch» meint natürlich auch den sexuellen Missbrauch, der verhältnismäßig viel Raum in den Medien einnimmt. Aber Vatermissbrauch kann noch mehr sein. Es ist der Versuch, die Kinder zu Selbstobjekten zu machen, um damit die eigenen Schwächen zu überdecken. Dies kann vielerlei sein, beispielsweise auch die Förderung des Kindes zu sportlichen Höchstleistungen. «Du bist mein Stolz» ist hier die zentrale Aussage. Zu dieser Haltung passt auch, dass Väter, die ihre Kinder sexuell missbrauchen, aussagen, die Kinder hätten es freiwillig und aus Liebe getan.

Väterlichkeitsstörungen

Die Väterlichkeitsstörungen bauen auf der Entwicklungsnotwendigkeit und dem Grundbedürfnis der Kinder auf, die Mutter-Kind-Dualität zu überwinden. Dazu brauchen sie ihren Vater und genau das – nicht etwa das Wetteifern mit der Mutter um die Versorgung der Kinder – ist dessen allererste Aufgabe! Die Enttäuschung, die Väter ihren Kindern bereiten und die sich tief in ihre Seele einschreibt, ist, dass sie oftmals wenig an ihnen interessiert sind, dass sie sich auf Seiten der Mutter und gegen die Kinder stellen und dass sie ihre Kinder – ähnlich wie die Mutter – für ihre Bedürfnisse und für die Aufwertung ihres Lebens missbrauchen. Sosehr also Kinder auch von ihrem Vater abhängig sind und ihn für ihre Lebensentwicklung brauchen, so sehr werden sie zumeist von ihm enttäuscht.

Doch nicht nur für das Kind ist der Vater als hinzukommender Dritter von wesentlicher Bedeutung. Auch die Mutter ist auf ihn angewiesen. Denn sie braucht ihn, um ihre eigene Identifikation mit dem Kind aufzulösen. Es scheint für die meisten Mütter fast unmöglich, diesen Prozess allein und ohne Hilfe zu bewältigen. Damit wird das Zusammenspiel von Mutter und Vater bei der frühen Sozialisation eines Kindes deutlich. Aufgrund der strukturellen Ungleichheit zwischen Mutter und Vater in der frühen Lebenszeit ist zwar die Mutter als zentrale Sozialisationsinstanz für die Persönlichkeitsentwicklung anzusehen. Das Kind erfährt ihre Liebe und ihre Begrenzung unvermittelt und wird dadurch entscheidend geprägt. Doch sowohl für die weitere Entwicklung des Kindes als auch für die familiäre Dynamik ist der Vater ebenso wichtig. Erst durch die Lockerung der exklusiven Mutter-Kind-Beziehung, für die der Vater in unserer Kultur unbedingt nötig ist, kann eine positive Entwicklung trotz aller Begrenzungen der Eltern gelingen. Es geht also im Letzten um das Miteinander von Mutter und Vater.

3. Die frühe Not des starken Geschlechts

Partnerschaftliche Elternschaft

Aus den bisherigen Ausführungen wird deutlich, dass eine gute Entwicklung der Kinder eine partnerschaftliche Elternschaft voraussetzt. Mütter sind nicht schlechter als Väter, auch wenn sie die zentrale Rolle bei der frühkindlichen Entwicklung spielen. Aber Väter sind auch nicht schlechter als Mütter, selbst wenn das in der gesellschaftlichen Diskussion oft so dargestellt wird. Auch und gerade in der Kindererziehung geht es um ein Miteinander. Dieses Miteinander ist entscheidend für die soziale und letztlich auch geschlechtsspezifische Sozialisation. Ist es nicht gegeben, wirkt sich das in verschiedener Weise negativ auf die kindliche Entwicklung aus. Das Kind oder die Kinder werden dann für das Gegeneinander der Eltern missbraucht, indem sie entweder die elterliche Beziehung kitten sollen oder als Waffe gegen den jeweils anderen benutzt werden.

Aus einer Paarberatung:
Frau: Eigentlich hatte ich mit der Beziehung bereits abgeschlossen. Ich merkte, dass es keinen Sinn mehr hat. Alle Anstrengungen, irgendwas bei uns zu retten, waren sinnlos. Mir war das klar. Aber es fiel mir auch schwer, die Konsequenzen zu ziehen. Immerhin hatten wir schon ein Kind und da hatte ich ein schlechtes Gewissen, mich einfach so zu trennen. Als ich mich dann aber doch immer mehr dazu durchrang, die Beziehung zu beenden, und sich bei mir immer stärker die Gewissheit einstellte, das dies richtig war, bemerkte ich auf einmal, dass ich schwanger war. Damit waren plötzlich alle meine Vorsätze über den Haufen geworfen. Wir trennten uns also doch nicht und versuchten weiter, uns zu arrangieren. Wir waren ja auch durch die Versorgung der beiden Kinder völlig beansprucht. Aber jetzt, wo mein Sohn drei Jahre

alt ist, merke ich, dass sich zwischen uns nichts verändert hat. Es ist so trostlos wie immer. Deshalb sind wir jetzt zu Ihnen gekommen. Vielleicht können Sie uns ja helfen.

Kinder können keine Beziehung kitten. Vermutlich würde fast jeder diesen Satz unterschreiben. Trotzdem scheinen viele Paare im Stillen genau diese Erwartung zu hegen. Vielleicht geben sie es nicht einmal sich selbst zu. Aber das Beispiel zeigt, dass es auch unbewusste Impulse gibt. Die Frau wollte sich ja schon trennen. Da hätte sie noch einmal besonders auf ihre Verhütung achten müssen – falls Sex in einer solchen Situation überhaupt noch eine sinnvolle Option ist. Aber dass sie schwanger wurde, zeigt, dass sie eben auch Angst vor einer Trennung hatte. Ich glaube jedoch nicht, dass das an dem bereits vorhandenen Kind lag. Gerade dann ist ein weiteres Kind die denkbar schlechteste Möglichkeit. Das Paar hätte sich vielmehr gleich Hilfe suchen sollen. Doch die Angst vor der Trennung, hinter der vielleicht die Angst vor Alleinsein oder Schuld steckte, führte dazu, dass ein zweites Kind in der Hoffnung geboren wurde, dadurch irgendetwas zu verändern bzw. zu verbessern. Bewusst hätte die Frau diese Hoffnung sicher verneint. Die Fakten aber sprechen eine andere Sprache. In den Dörfern, in denen ich vor einigen Jahren als Pfarrer tätig war, wurde wie selbstverständlich von dieser Tatsache ausgegangen: Kinderreichtum galt hier nicht als ein Zeichen partnerschaftlichen Glücks, sondern als Ausdruck notwendigen Kitts. Ich bin mir zwar unsicher, ob so ein pauschales Urteil wirklich gerechtfertigt ist, aber in der Regel enthalten derartige «Meinungen des Volkes» einiges an Wahrheit. Und die ist in jedem Fall in der – zumindest untergründig – recht weit verbreiteten Hoffnung zu sehen, dass Kinder die Beziehung der Eltern heilen.

3. Die frühe Not des starken Geschlechts

Die andere Variante des Missbrauchs von Kindern im Interesse der Beziehung ihrer Eltern liegt darin, die Kinder gegen den Partner zu verwenden. Dies kann einmal dadurch geschehen, dass Kinder gegen den anderen Elternteil aufgehetzt werden. Das ist sehr häufig der Fall, setzt allerdings voraus, dass der agierende Elternteil ein besonders enges Verhältnis zum Kind hat. Schon deswegen handelt es sich überwiegend um die Mutter. Die aus der strukturellen Ungleichheit resultierende enge Mutter-Kind-Beziehung lässt sich, wenn sie nicht von einem Miteinander von Frau und Mann getragen ist, sehr schnell gegen den Vater wenden. Die geschilderten Beispiele von Vätern, die es nicht vermochten, ihren Kindern in der Beziehung zur Mutter beizustehen, sind Ausdruck des ungleichen Kräfteverhältnisses, in dem Kinder sehr oft instrumentalisiert werden.

Jedoch sollte die häufigere Konstellation, dass Mütter ihre Kinder gegen den Vater missbrauchen, nicht zu der Meinung verführen, dass der umgekehrte Fall nicht möglich ist. Gerade in Scheidungssituationen, in denen Väter stärker als vorher ihre «Liebe» zum Kind entdecken und dieses mit Aufmerksamkeit überhäufen, versuchen sie, das Kind für ihre Zwecke zu benutzen und als Waffe im Machtkampf zu gebrauchen.

Aus einem Forschungsinterview mit werdenden Eltern:
«In einem anderen Beispiel berichtete eine Mutter, dass sie ihr Kind sehr heftig spüre, wenn sie in der Badewanne liege und ihr Ehemann ins Badezimmer komme. Dies liege wohl daran, dass das Kind in ihrem Bauch den Vater ablehne und von daher gegen ihn schlage. Dies könne man auch spüren, wenn der Vater sein Kopf auf den Bauch lege, was das Kind gar nicht schätze. Auf eine Nachfrage des Interviewers hin unterstrich die Mutter ihre Überzeugung, dass es sich hier schon um

den Beginn einer schlechten Vater-Kind-Beziehung handle. Dies stelle nicht einfach nur eine Phantasie von ihr dar, sondern entspreche der Realität. Während der ganzen Schilderung lächelte der Vater in etwas eigentümlicher Weise, zog sich vom Dialog zurück und äußerte auf entsprechendes Nachfragen des Interviewers hin, dass auch er nicht genau wisse, ob die Ansichten der Frau zutreffen.»[25]

Dieses Beispiel aus einer Untersuchung eines Teams um den Psychologieprofessor Kai von Klitzing zeigt beeindruckend, wie zeitig schon Kinder gegen den Partner missbraucht werden können. Hier beginnt es bereits während der Schwangerschaft, in einer Zeit also, in der die werdenden Väter kaum eine vergleichbare Chance haben. Im Verhalten des Mannes aus dem Gespräch zeigt sich zudem, wie er in der Zeit nach der Geburt des Kindes reagieren wird: mit Rückzug. Die Kräfteverhältnisse in der Partnerschaft scheinen klar, wenn auch nicht durch ein Miteinander geregelt zu sein.

Andere Männer begeben sich stattdessen lieber in einen Konkurrenzkampf um das Kind. Sie kümmern sich intensiv um es, versorgen es und versuchen damit – manchmal offen, zumeist jedoch still und heimlich – sich als die bessere Mutter zu stilisieren. Eine Untersuchung meiner Frau zu alleinerziehenden Vätern zeigte, dass gerade die sogenannten modernen Väter, die sich intensiv um Haushalt und Kinder kümmern, dies in Konkurrenz zur Partnerin tun.[26] Manche wurden schon von ihren Freunden als «Mutter ohne Brust» bezeichnet. Die alleinerziehende Vaterschaft war bei diesen Vätern dann auch die logische Folge und die endgültige Entscheidung des Machtkampfes.

Wie sehr es auf das Miteinander der Eltern, also auf partnerschaftliche Elternschaft ankommt, zeigt die Untersuchung des Teams von Kai von Klitzing, aus der das letzte Beispiel

3. Die frühe Not des starken Geschlechts

stammte.[27] Das Forscherteam untersuchte Familien über einen Zeitraum von mehreren Jahren. Die ersten Interviews wurden während der Schwangerschaft gemacht. Weitere folgten während der ersten vier Jahre des Kindes. Am Ende wurden zudem Tests zum Konfliktlösungs- und Sozialverhalten der Kinder durchgeführt. Dabei stellte sich ein deutlicher Zusammenhang zwischen der Art und Weise, wie das Paar noch *vor* der Geburt die neue Situation mit dem Kind phantasierte und der Sozialkompetenz im Vorschulalter heraus. Je stärker die Eltern während der Schwangerschaft der Frau den jeweils anderen Elternteil in ihre Überlegungen von der künftigen Familie einbezogen und sich die neue Situation im konstruktiven Miteinander ausmalten, desto weniger aggressiv und konfliktlösungskompetenter war das Kind im Alter von fünf Jahren. Die ursprüngliche Erwartung der Forscher, familiäre Ereignisse nach der Geburt hätten einen wesentlich größeren Einfluss auf die soziale Entwicklung des Kindes, bestätigten sich nicht.

Diese Untersuchung zeigt die zentrale Rolle, die das partnerschaftliche Miteinander der Eltern für die Entwicklung des Kindes hat. Wenn Paare bereits vor der Geburt im versteckten oder offenen Gegeneinander sind, wird dies entscheidende negative Folgen für das Kind haben. Ein Kind macht eine schwierige Beziehung nicht heil, vielmehr bewirkt eine unheilvolle Beziehung Probleme für das Kind. Konflikte zwischen Männern und Frauen übertragen sich auf deren Kinder und setzen sich bei ihnen fort.

Das Gegeneinander der Geschlechter, von dem unsere Gesellschaft so geprägt ist, hat seinen Ausgangspunkt in der Sozialisation der Kinder, in der sie sich bereits früh und noch ehe sie darüber auch nur nachdenken können, im Spannungsfeld zwischen Mutter und Vater befinden. Mein Verständnis des Feminismus ist in diesem Zusammenhang, dass er diese Spannungen aus der Verborgenheit der kleinbürgerlichen Familien an die Öffentlichkeit geholt hat. Auch die zumeist unsichtbaren gesellschaftlichen Zerwürfnisse zwischen den Geschlechtern wurden aufgedeckt. Das Problem liegt jedoch darin, dass die Sichtweise zu einseitig war und oftmals noch ist. Nicht die Männer oder Väter allein sind für das Gegeneinander der Geschlechter verantwortlich, die Frauen agieren auf ihre Weise ebenso mit. Die gesellschaftliche Machtverteilung stellte sich nie so einseitig dar, wie es die Patriarchatstheorien nahelegen. Gerade die Einseitigkeit feministischer Sichtweisen zeigt, dass die Instrumentalisierung der Kinder durch die Mütter so weit fortgeschritten ist, dass davon der gesellschaftliche Mainstream geprägt wird. Im gesellschaftlichen «Ausschlachten» realer wie vermeintlicher Benachteiligungen von Frauen sowie im Schweigen der Männer offenbart sich der verbreitete Mechanismus familiärer Konstellationen. Nicht in jedem Fall, aber doch so häufig, dass dem gesellschaftliche Relevanz zukommt, sind sie geprägt von der mütterlichen Deutungshoheit über die Kinder und den Rückzug der Väter von ihren Kindern. Das Ergebnis sind Muttersöhne und Feministinnen, durch deren Verhalten das Gegeneinander der Geschlechter fortgesetzt und auf die nächsten Generationen übertragen wird.

Doch die Lösung besteht eben nicht darin, dass nun die Männer *gegen* die Frauen aufbegehren und die Väter *gegen* die Mütter antreten, um ihr Recht zu erkämpfen. Sie besteht vielmehr in einem Miteinander, das erst zu entwickeln ist und das sich nur dadurch erreichen lässt, dass zuerst die eigenen Nöte angeschaut und in die eigene Verantwortung übernommen werden. Dem stehen in unserer momentanen gesellschaftlichen Situation der Rückzug der Väter und die Deutungshoheit der

3. Die frühe Not des starken Geschlechts

Mütter, wie sich «ein richtiger Vater» zu verhalten hat, entgegen. Wenn beide Seiten nur darauf warten, dass die jeweils andere sich endlich einmal bewegt, dann wird sich nichts zum Positiven verändern.

Neben der Erwartung, dass ein Kind die problematische Elternbeziehung kittet, und dem Missbrauch des Kindes als Kampfmittel gegen den Partner gibt es noch eine dritte Möglichkeit, durch die sich mangelndes Miteinander der Eltern negativ auf das Kind auswirken kann: die Benutzung des Kindes als Partnerersatz.

Aus einer Männergruppe:
Mann: «Ich wollte schon immer so sein wie Jean-Louis Trintignant, so cool, ernst und unverletzlich. Davon habe ich als Kind immer geträumt. Heute kommt mir das komisch vor, weil der einfach zu ernst ist, so freudlos. Aber damals kam mir das wie die Rettung vor.»
Die Männer der Männergruppe stimmen ein. Fast jeder kannte so einen Wunsch und sie erzählten davon. Der Gruppenleiter wandte sich an den ersten Mann:
«Warum wollten Sie so sein?»
«Weil ich dann unverletzlich wäre.»
«Und warum war es Ihnen so wichtig, unverletzlich zu sein? Da muss doch irgendein Verletztsein dahinterstecken? Waren Sie ein verletztes Kind?»
«Na irgendwie schon. Aber ich weiß nicht, wie das konkret aussah. Ich spüre, dass es sich so verhielt, aber ich erinnere nichts Konkretes. Ich habe mich mal mit meiner Schwester unterhalten. Die meinte, dass wir ab und an verprügelt wurden. Ich kann mich auch an einmal erinnern. Aber ich weiß nicht ...»
«So, wie Sie das sagen, glaube ich nicht, dass es ums Verprügeltwerden geht. Das mag schlimm sein, aber so, wie Sie das sagen, berührt mich das nicht. Es scheint noch etwas anderes dahinterzustecken.»

Partnerschaftliche Elternschaft

«Ja, aber ich weiß auch nicht ... Wenn ich meine Mutter sehe, dann will ich, dass sie mich in Ruhe lässt. Auch wenn sie heute noch etwas von mir will, dann erfasst mich so ein Widerwillen.»
«Haben Sie ein Beispiel dafür?»
«Meine Mutter hat mich vor kurzem mal angerufen und mir erzählt, dass sie jetzt Sport macht und abnehmen will. Und dann erzählt sie mir Einzelheiten über ihr Essen und wie sie sich wiegt. Ich will das gar nicht wissen. Als ich vor zwei Wochen bei meinen Eltern zu Besuch war, hat sie sich richtig vor mir präsentiert. Mensch, ich bin 38. Ich will das nicht, mir ist das unangenehm. Warum redet die nicht mit ihrem Mann?»
«Das klingt so, als hätten Sie so was wie eine Partnerfunktion für Ihre Mutter, als seien Sie ihr Intimus.»
«Das war schon immer so, das stimmt. Sie hat mir schon immer ihr Innerstes offenbart.»
Zwei Männer berichten, dass ihnen von dem Bericht übel wird.

Die Übelkeit, die sich in der Gruppe ausbreitet, ist Folge der Übergriffigkeit der Mutter. Offensichtlich hat die Mutter ihren Sohn als Intimus benutzt. Das meint keinen sexuellen Missbrauch im eigentlichen Sinn, aber sie ist in seine Seele eingedrungen. Die Mutter hat Bedürfnisse, die sie eigentlich an ihren Mann hätte richten müssen, auf ihren Sohn übertragen. Der aber hatte als Kind kaum eine Chance, sich dagegen zu wehren. Oftmals empfinden sich Kinder durch dieses Verhalten sogar aufgewertet. Trotzdem ist der Übergriff hochproblematisch.

Auch hier handelt es sich um keine Erscheinung, die ausschließlich Mütter oder Väter beträfe. Zwar wird dieses Phänomen am intensivsten beim sexuellen Missbrauch geschildert, der zumeist durch die Väter geschieht und dann in den meisten Fällen auch die Töchter trifft. Aber dies ist nur eine, wenn auch

3. Die frühe Not des starken Geschlechts

die offensichtlichste Form des Missbrauchs von Kindern. Faktoren, die hier hineinspielen, gehen zumeist auf die Unfähigkeit der Eltern zurück, eine erwachsene, reife und gleichberechtigte Partnerschaft zu gestalten und lustvoll zu leben. Stattdessen wird die Abhängigkeit der Kinder für die Erfüllung der eigenen Bedürfnisse benutzt. Ich habe Frauen kennengelernt, die schilderten, wie ihr Vater sie angeschaut und berührt hat. Das war kein sexueller Missbrauch im engeren Sinn, aber es war übergriffig und hat die Mädchen angeekelt. Ebenso viele Männer aber scheint es zu geben, die wie im geschilderten Beispiel eine versteckte und oftmals auch verdeckt sexuell gefärbte Übergriffigkeit ihrer Mütter ertragen mussten. Dies spielt sich in der Regel auf einer so unscheinbaren Ebene ab, dass die Kinder es sich oft selbst nicht eingestehen. Strafrechtlich relevant ist es schon gar nicht. Nichtsdestotrotz sind solche Übergriffe real. Und sie geschehen oft auch mit aktivem oder schweigendem Einverständnis des anderen Partners. Oder wie ist es zu verstehen, dass der Vater des Mannes im letzten Beispiel nie gegen die Übergriffe der Mutter auf seinen Sohn eingeschritten ist? Das mangelnde Miteinander der Partner, ihre Unfähigkeit, wichtige eigene Bedürfnisse in der Partnerschaft befriedigend leben zu können, führt zu oft zur missbräuchlichen Benutzung der Kinder – Mädchen wie Jungen. Und beide Partner machen bei diesem Spiel mit.

Doch auch und gerade bei Alleinerziehenden ist das Benutzen des Kindes als Partnerersatz häufig anzutreffen. Die ernsten Gespräche am Abendbrottisch über anstehende Entscheidungen, die Mitteilung von beruflichen Sorgen und die Hinnahme von Trost durch die Kinder sind dort weit verbreitet, wo es kein funktionierendes partnerschaftliches erwachsenes Miteinander gibt.

Geschlechtsspezifische Sozialisation

Die bisher geschilderten Probleme – gestörte Mütterlichkeit und Väterlichkeit sowie das mangelnde Miteinander von Müttern und Vätern – treffen Mädchen und Jungen in gleicher Weise. Unabhängig vom Geschlecht sind Kinder darauf angewiesen, Eltern zu haben, die sich nicht nur rechtschaffend bemühen, ihre elterlichen Aufgaben gut zu meistern – das ist vermutlich bei fast allen Eltern vorauszusetzen. Für Mädchen und Jungen ist es gleichermaßen wichtig, dass Mütter wie Väter ihre Begrenzungen kennen und offen zu ihnen stehen. Nur so ist es zu gewährleisten, dass diese möglichst wenig ausagiert und dann nicht noch als elterliche Liebe bezeichnet werden.

Auf dieser Ebene spielen die Geschlechtsunterschiede zunächst keine Rolle. Frühstörungsprobleme wie «unaufgelöste Abhängigkeit», «mangelndes Interesse an den Bedürfnissen des Kindes» und «emotionaler Missbrauch» sind geschlechtsübergreifende Erfahrungen und prägen die Art und Weise, wie ein Kind und später der Erwachsene sich in Beziehungen empfinden. Geschlechtsheterogene Selbsterfahrungsgruppen, in denen auch frühe emotionale Erfahrungen erfahrbar werden, zeigen auf dieser Ebene keine Unterschiede zwischen Frauen und Männern. Die Verzweiflung über früh erlebte Einsamkeit, über die Nichtbeachtung eigener Bedürfnisse und über die emotionale Vereinnahmung sind allen Teilnehmern – natürlich in ihrer jeweiligen individuellen Ausprägung – gemeinsam.

Dies führt zu der bereits am Ende des vorangegangenen Kapitels gemachten Feststellung, dass «eigenständige Männ-

3. Die frühe Not des starken Geschlechts

lichkeit» nicht im Gegensatz zur Eigenständigkeit von Frauen zu sehen ist. Frauen wie Männer müssen ihre jeweilige Position klären und Entscheidungen für sich treffen, zu denen sie eigenverantwortlich stehen. Und sie müssen ihre Positionen offensiv vertreten, ohne dabei über Manipulation, Überzeugenwollen oder Streit in ein Gegeneinander zu geraten. Dass genau diese Entwicklungsschritte für Frauen wie für Männer schwer zu gehen sind, zeigt die gesellschaftsbildende Problematik der Frühstörungen. Sicher gibt es individuelle Unterschiede, ist die erlebte Einsamkeit von Baby zu Baby unterschiedlich, ist die Wahrnehmung seiner Bedürfnisse und auch der emotionale Missbrauch verschieden. Aber an den Tatsachen eigener früher Kränkungen kommt in unserer Kultur kaum ein Mensch vorbei. Das Problem im weiteren Verlauf sind auch weniger die Nöte an sich als deren Leugnung. Daraus entwickelt sich Streit, der sich gesellschaftlich auch im Gegeneinander der Geschlechter widerspiegelt.

Neben dieser geschlechtsübergreifenden Basis früher Entwicklung werden in den Beziehungen zu den Eltern aber auch geschlechterdifferenzierte Erfahrungen gemacht, die das weitere Leben bestimmen. Sie sind für sich genommen kein Ausdruck fehlgeleiteter Sozialisation. Sie ergeben sich aus der Geschlechtlichkeit der Eltern. Problematisch werden sie erst, wenn sie auf das beschriebene Gegeneinander der Eltern treffen.

Aus einer Fernsehsendung am 15. März 2009:
«In Winnenden geschah am 11. März 2009 ein furchtbarer Amoklauf an der dortigen Realschule. Die Mutter eines Schülers vom benachbarten Gymnasium berichtete, beim psychologischen Angebot, das für die Schüler in den Tagen danach eingerichtet wurde, habe sie fast nur Mädchen gesehen. Ihr eigener Sohn hatte sich während des Gesche-

hens, als niemand wusste, ob der Amokläufer nicht auch noch zum Gymnasium kommen würde, bei ihr per Handy gemeldet und war mehr in Sorge um sie als um sich selbst gewesen.»

Dieses Beispiel zeigt geschlechtsspezifisch unterschiedliches Verhalten in der Jugend. Jungen, die doch genauso traumatisiert sein müssten wie ihre Mitschülerinnen, nehmen deutlich weniger Hilfe in Anspruch. Dieser Junge ist zudem in der Gefahrensituation selbst mehr um seine Mutter besorgt als um sich selbst. Auf der anderen Seite sind es Jungen, die zu Amokläufern werden; sie geraten zunehmend in die Rolle von Benachteiligten des Bildungssystems und bei ihnen tritt Hyperaktivität etwa dreimal häufiger auf als bei Mädchen. All diese Punkte betreffen problematische Themen jungenspezifischer Sozialisation und ließen sich beinahe beliebig fortsetzen. Andererseits lassen sich auch zahlreiche Punkte mädchenspezifischer Sozialisation benennen, etwa autoaggressive Verhaltensweisen wie Essstörungen und Selbstverletzungen. Selbst die Aufmerksamkeitsdefizitstörung äußert sich bei Mädchen seltener durch Hyperaktivität als durch «verträumte Abwesenheit», mithin in stiller, weniger auffälliger Weise.

Doch auch jenseits realer oder vermeintlicher Probleme lassen sich Unterschiede zwischen Jungen und Mädchen feststellen: unterschiedliches Spielverhalten, verschiedene Arten, die Welt zu entdecken und sich anzueignen, geschlechtsspezifisches Lernverhalten und anderes mehr. Natürlich wirft das die Frage auf, inwieweit diese Unterschiede nicht schon biologisch vorgegeben sind. Der bei Jungen und Mädchen unterschiedlich hohe Testosteronspiegel führt bei ersteren zu mehr Bewegungsdrang, zu einem höheren Risikoverhalten und zu mehr Aggressivität. Schon im Mutterleib bewegen sich Jungen

3. Die frühe Not des starken Geschlechts

durchschnittlich stärker. Doch trotz oder gerade wegen des biologischen Fundaments stellt sich die Frage, ob Mädchen und Jungen in ihrer Geschlechtsspezifik erkannt und begleitet werden, welche Akzeptanz sie darin erfahren und ob ihnen die Sozialisationsinstanzen ausreichende Fähigkeiten mitgeben, um in ihrer weiteren Entwicklung ein positives Selbstbild auch vom eigenen Geschlecht entwickeln zu können.

> **Aus einer Paarberatung:**
> **Frau:** Ich ertrage es einfach nicht, wenn er sich bei einem Streit einfach so zurückzieht. Es geht doch nicht, dass er mir Vorwürfe macht, mir Fehler vorhält und mich schlecht behandelt – und dann ist er nicht einmal bereit, mit mir darüber zu reden.
> **Mann:** Ich finde das einfach nur sinnlos. Du machst mir doch genau solche Vorwürfe. Wir könnten uns dann stundenlang streiten, ohne dass das zu irgendwas führt. Ich habe dann einfach keine Lust, überhaupt noch irgendwas zu sagen.
> **Frau:** Aber genau das ertrage ich so schwer. Ich kann mich doch dann nicht einfach vor den Fernseher setzen und so tun, als wäre nichts.

Solche und ähnliche Streitgespräche begegnen uns in Paarberatungen häufig. In ihnen äußert sich eine Unzufriedenheit über den jeweils anderen Partner, weil er sich nicht so verhält, wie es den eigenen Vorstellungen und Wünschen entspricht. Doch dabei geht es nicht nur um Unterschiede zwischen den Geschlechtern, sondern um die empfundene mangelnde Akzeptanz durch den jeweils anderen. Hier stoßen wir einmal mehr auf das Phänomen, dass sich Frauen wie Männer noch im erwachsenen Alter wünschen, durch den jeweils anderen Bestätigung zu erfahren und dadurch endlich richtig zu sich selbst finden zu können. Die Ursache dafür liegt jedoch nicht in der

Geschlechtsspezifische Sozialisation

Partnerschaft, sondern hat mit der eigenen Sozialisation zu tun. Bereits sehr früh im Leben spielt die Erfahrung von Anerkennung der eigenen Individualität, zu der auch die eigene Geschlechtsspezifik gehört, eine wichtige Rolle. Dabei geht es – wie ich schon ausgeführt habe – nicht um die Frage, welche Unterschiede zwischen den Geschlechtern wie stark biologisch fundiert oder kulturell geformt sind. Es geht darum, welche Akzeptanz Mädchen wie Jungen in ihrer jeweiligen Geschlechtlichkeit erfahren, wie sie also eine positive Geschlechtsidentität entwickeln können.

Das Thema der geschlechtsspezifischen Sozialisation wird in der Literatur zumeist erst ab dem dritten Lebensjahr oder später, oftmals sogar erst in der Pubertät angesiedelt. Der Grund dafür liegt in der bewussten Wahrnehmung der eigenen Geschlechtlichkeit durch die Kinder und Jugendlichen in dieser Zeit und den damit zusammenhängenden Erinnerungen. Doch noch bevor Kleinstkinder ihr eigenes Geschlecht bewusst wahrnehmen, treffen sie mit ihrer Biologie auf eine Umwelt, die dieses nicht nur wahrnimmt, sondern auch damit umgeht und es bewertet. Daher wird schon sehr früh das Fundament für die eigene Geschlechtsidentität gelegt. Sosehr es biologische Unterschiede zwischen den Geschlechtern geben mag, der Umgang mit diesen Unterschieden, die Haltung zu sich selbst und seinem Körper, eine gesunde oder problematische Geschlechtsidentität ist nicht biologisch festgeschrieben. Das wird vielmehr in den ersten Lebensmonaten ausgebildet und entwickelt sich in den Folgejahren auf diesem Fundament weiter. Dementsprechend spielen die bereits dargestellten Themen früher Sozialisation auch für die Geschlechtsspezifik eine wichtige Rolle. Zu nennen sind das Mit- oder Gegeneinander der Eltern und die mehr oder weniger gelingende beziehungs-

3. Die frühe Not des starken Geschlechts

weise misslingende Lockerung der engen Mutter-Kind-Beziehung.

Aufgrund ihrer eigenen Geschlechtlichkeit verhält sich die Mutter zwangsläufig geschlechtsspezifisch unterschiedlich gegenüber ihren Kindern. Die amerikanische Soziologin Nancy Chodorov hat die Unterschiede in ihrem Buch *Das Erbe der Mütter*[28] aufgezeigt. Dabei handelt es sich beim mütterlichen Verhalten nicht unbedingt um ein bewusstes Geschehen. «Die Unterschiede, die ich meine (und die von Psychoanalytikern zunehmend wahrgenommen werden), sind Unterschiede in Nuancen, Tönungen, Qualitäten.» Doch die Folgen sind wesentlich: Während sich Mütter stärker mit ihren Töchtern identifizieren, sie «zum Selbst der mütterlichen Phantasie» machen, werden Jungen sehr schnell als anders erlebt. Die grundlegende Haltung der Mütter gegenüber ihren Töchtern lässt sich mit dem Satz: «Ich weiß (besser), was du willst, denn es ist das Gleiche, was ich auch will» charakterisieren. Im Kontext der oft unterbleibenden Auflösung der frühen Mutter-Kind-Symbiose entwickelt sich eine lebenslang anhaltende Identifikation der Tochter mit ihrer Mutter. Das kann bis hin zur Übernahme von Krankheiten gehen.

Demgegenüber nehmen Mütter ihre Söhne als verschieden von ihnen wahr. Sie werden stärker als Gegenüber gesehen. Dies bedeutet jedoch nicht, dass sie im Gegensatz zu den Mädchen mit ihren Bedürfnissen wahrgenommen würden. Vielmehr werden sie von ihren Müttern eher als Objekte ihrer eigenen Bedürfnisse betrachtet. «Sei für mich da, sei mein Held.» In dieser Aufforderung ist eine häufige Haltung von Müttern gegenüber ihren Söhnen zusammengefasst.

Während Chodorov in der Identifikation der Mütter mit ihren Töchtern die Ursache für spätere Abgrenzungsschwierig-

Geschlechtsspezifische Sozialisation

keiten sieht, ist dies für die späteren Männer kaum ein Problem. Sie waren ja abgegrenzt. Aber sie konnten sich auch in ihrer Abgrenzung nicht aus der frühen Mutterbindung lösen. Sie bleiben der Mutter ausgeliefert. Und sie lernen schnell, für die Mutter da zu sein und ihre Bedürfnisse zu erfüllen. Fast alle Männer, die in Workshops, Gruppensitzungen oder Beratungen ihr Verhältnis zur Mutter reflektieren, kennen den mütterlichen Auftrag, einmal besser mit Frauen umzugehen als der Vater.

Aus einem Männerworkshop:
Mann: Meine Mutter klagte immer darüber, dass der Vater so aufbrausend sei. Und dann sagte sie zu mir, dass ich bestimmt auch mal so werden würde, weil der Apfel ja nie weit vom Stamm fällt. Ich nahm mir dann jedes Mal vor, dass ich anders, besser werde als mein Vater. Ich wollte nicht so aufbrausend sein und meiner Frau so viel Leid zufügen ... Doch heute weiß ich, dass das Problem meines Vaters damit gar nicht beschrieben war. Er war gar nicht so oft aufbrausend und auch nicht gewalttätig. Weiß Gott, warum meine Mutter gerade daran litt ... Auf jeden Fall hatte ich als Junge den Auftrag verstanden. Ich verbrachte auch viel Zeit damit, meine Mutter zu trösten und ihr eine Freude zu sein.

Problematisch ist keineswegs die Tatsache, dass Mütter auf ihre Kinder je nach Geschlecht unterschiedlich reagieren. Geschlechtsspezifische Sozialisation ist schon aufgrund der Geschlechtlichkeit der Eltern eine biologische Tatsache. Es kann somit gar keine Dekonstruktion von Geschlecht geben, auch nicht im sozialen Bereich. Problematisch ist vielmehr die Art und Weise, wie sich die Geschlechtsidentität der Mutter gestaltet. Ist sie von einer positiven Weiblichkeit bestimmt, hat sie selbst ein eigenständiges Frausein entwickeln können? Dann

3. Die frühe Not des starken Geschlechts

ist sie auch in der Lage, sowohl ihren Töchtern diese positive Grundhaltung weiterzugeben als auch ihre Söhne in ihrer Geschlechtsspezifik nicht entwerten zu müssen.

In der geschlechtsspezifischen Mutter-Kind-Dynamik und keinesfalls in bewussten Erziehungsabsichten liegt auch der Grund für das Verdrängen der eigenen Verletzlichkeit, die bei Männern deutlich öfter zu beobachten ist als bei Frauen. Gerade weil Jungen von der Mutter als Gegenüber und nicht in der Identifikation gesehen werden, wird ihre Verletzlichkeit zu wenig wahrgenommen und akzeptiert. Sie sollen ja vor allem stark sein. *Deshalb* spielt die verletzte Jungenseele keine Rolle und die Jungen lernen bald, ihre weichen Gefühle zu verstecken. Und wenn der Vater den Jungen dann noch ermahnt: «Ein Indianer kennt keinen Schmerz», dann erfüllt er an ihm den mütterlichen Auftrag. Wobei diese Haltung des Vaters stärker noch als durch den Wunsch seiner Frau nach einem starken Jungen durch die eigene Sozialisation bestimmt wird.

Jede Mutter trägt Grenzen in sich und kann gar nicht perfekt sein. Daher ist bei Mädchen wie bei Jungen die Entwicklung einer positiven Geschlechtsidentität auch davon abhängig, dass der Vater seine triadifizierende Aufgabe erfüllt und Kind und Mutter bei der Lockerung ihrer dyadischen Beziehung hilft. Lässt er zu, dass seine Kinder den Begrenzungen, Abwertungen und geschlechtsspezifischen Aufträgen der Mutter ausgeliefert bleiben, oder vermag er es, korrigierend einzugreifen. Wenn die Beziehung der Eltern ein partnerschaftliches Miteinander ist, werden sie, trotz ihrer jeweiligen Grenzen, ihren Kindern deutlich machen können, dass Frauen und Männer bei aller Unterschiedlichkeit keine Gegner sind. Zudem werden sie sich auch im Umgang mit ihren Kindern gegenseitig ergänzen und korrigieren. Es handelt sich dabei keinesfalls um bewusste Erziehungsvorhaben. Den zentralen Einfluss auf die Entwicklung ihrer Kinder gewinnen die Eltern durch das, was sie ihnen vorleben – durch die Gestaltung ihrer gemeinsamen Beziehung und der zu ihren Kindern.

Frühe Not in der Gesellschaft

Geschlechtsspezifische Sozialisation hat ihre Grundlage in den biologischen Unterschieden, die von Anfang an zwischen Mädchen und Jungen vorhanden sind und sich im Heranwachsen weiter ausdifferenzieren. Sie ergibt sich aber auch aus der Geschlechtlichkeit der Eltern. Da die Mutter-Kind-Beziehung ursprünglich exklusiv ist, spielen das Geschlecht der Mutter und ihre Interaktion als Frau mit ihren Töchtern und Söhnen eine wichtige Rolle bei der Herausbildung einer positiven Geschlechtsidentität der Kinder. Eine Mutter, die ihr eigenes Frausein abwertet, trägt dazu bei, dass ihre Kinder in ihrer Geschlechtlichkeit verunsichert werden und legt so den Grundstein zum Gegeneinander in deren späteren Partnerschaften. Doch auch die Väter sind für diese Entwicklung verantwortlich. Verunsicherte Männer werden wenig Kraft zur Lockerung der frühen Mutter-Kind-Beziehung haben, sie werden kaum etwas zum Miteinander der Eltern beitragen können und ihren Söhnen keine positive Männlichkeit vorleben.

Töchter wie Söhne sind darauf angewiesen, dass sie in ihren Autonomiebestrebungen, die als Loslösungsprozess von ihrer Mutter zu verstehen sind, durch den Vater unterstützt werden. Dies erfolgt nicht im Kampf gegen die Mutter, sondern indem der Vater eigene Räume für die Kinder und gemeinsam mit den Kindern schafft und sie in eigene Aktivitäten mit einbezieht.

3. Die frühe Not des starken Geschlechts

Bindungsforscher haben in vielen Untersuchungen nachgewiesen, dass Väter gerade bei der Eroberung neuer Räume und neuer Möglichkeiten über besondere Fähigkeiten verfügen und Kinder dies auch vorrangig von ihnen erwarten. Das Herausführen der Kinder «in die Welt» und die lustvolle Inbesitznahme neuer Räume ist eine der wesentlichen Aufgaben von Vätern.

Darüber hinaus sind Mädchen darauf angewiesen, beim Vater Resonanz für ihre eigenen Bedürfnisse zu finden. Nur aus dem Kontrast zum gegengeschlechtlichen Elternteil können sie ihre geschlechtsspezifische Andersartigkeit verstehen.

Bleiben Jungen von der Mutter abhängig, werden sie Schwierigkeiten haben, ein positives Männlichkeitsempfinden auszubilden. Ihnen fehlt dann ein Vorbild, mit dem sie sich identifizieren können, das ihnen die Richtung weist und auf dem Entwicklungsweg hilft.

Neben dieser Funktion des Vaters als geschlechtshomogene Identifikationsfigur ist seine Aufgabe aber auch, dem Jungen eine gute Gestaltung der Beziehung zu Frauen vorzuleben. In der Art und Weise, wie der Vater seiner Frau gegenüber eigene Bedürfnisse vertritt, sich gegen sie abgrenzt und auf sie bezogen ist, wird der Sohn lernen, wie wichtig Eigenständigkeit, aber auch liebevolles Miteinander sind. Wenn jedoch der Vater gerade in diesem Punkt versagt, indem er den Jungen dem mütterlichen Einfluss überlässt und sich bei Auseinandersetzungen zwischen Sohn und Mutter undifferenziert auf die Seite seiner Frau schlägt, wird der betreffende Junge nicht lernen, wie ein eigenständiges Miteinander mit Frauen aussieht. Eine Folge der bestehenden Abhängigkeit von der Mutter ist dann, dass Jungen andere Jungen als Konkurrenten empfinden, untereinander keine Schwäche zeigen wollen und nicht die Erfahrung machen, wie wichtig männliche Solidarität sein kann. Gerade die fehlende Bereitschaft zur Solidarität ist ein wunder Punkt unserer Geschlechterdebatte. Dies zeigt sich etwa daran, wie schnell selbst Männerforscher bereit sind, ihre Geschlechtsgenossen zu diskreditieren und sich auf Seiten des Feminismus zu schlagen.

Die in diesem Kapitel geschilderten Frühstörungen beeinflussen die Entwicklung praktisch jedes Kindes. Zwar gibt es individuelle Unterschiede – Mütter und Väter sind so verschieden wie die Anzahl der existierenden Familien und Kinder entwickeln sich dementsprechend individuell. Aber die Grundlinien ähneln sich doch, so wie auch die Gesellschaft bestimmte Sichtweisen auf Frauen und Männer privilegiert. Und in beiden Bereichen, dem familiären wie dem gesellschaftlichen, sind unheilvolle Parallelitäten zu erkennen. Das fehlende positive Bild von Männlichkeit und Weiblichkeit in unserer Gesellschaft findet seine Entsprechung im gesellschaftlichen Gegeneinander von Frauen und Männern, dem seinerseits ein Gegeneinander von Frauen und Männern in ihren Partnerschaften entspricht. Das fehlende Miteinander der Eltern wiederum setzt sich in den Frühstörungen der Kinder und in deren problematischer geschlechtsspezifischer Sozialisation fort, was schließlich zu den negativen Bildern von Weiblichkeit und Männlichkeit in unserer Gesellschaft führt. Und so schließt sich der Kreis – es sei denn, Männer und Frauen brechen aus diesem Kreislauf aus und verändern ihre Partnerschaften, ihr soziales Umfeld und allmählich auch die Gesellschaft.

4.
Den Mann in seiner Mitte finden

Männliche Identität aus sich heraus entwickeln

Auf dem Weg zu einer selbstbestimmten Identität stoßen Männer auf Widerstände, die diesem Ziel entgegenstehen. Diese Widerstände sind ebenso in unserer Gesellschaft zu finden wie in den Männern selbst.

An den Erwartungen, die an die Männer von außen, also durch die Gesellschaft gestellt werden, ist nicht nur zu kritisieren, dass sie uneinheitlich, oftmals gar widersprüchlich sind. So sollen Männer im Berufsleben hart gegen sich selbst, zu Hause aber zugewandt und offen gegenüber Partnerin und Kindern sein. Von Männerforschern wird diese gesellschaftliche Widersprüchlichkeit zwar zu Recht beklagt. Damit verbunden ist jedoch allzu oft die Ansicht, dass die Männer besser sein würden, wären sie von den Optimierungszwängen des Kapitalismus befreit. Männer würden – so diese Meinung – lieber mehr im Haushalt mitarbeiten und sich stärker der Partnerin und den Kindern zuwenden, wenn die Gesellschaft sie nur ließe.

Dabei wird verkannt, dass auch diese Gesellschaftskritik einer Optimierungsstrategie das Wort redet. Denn auch die in der öffentlichen Diskussion sehr verbreitete Meinung, Männer sollten sich nun endlich mehr der Familie zuwenden und «weicher» werden, hat erst einmal kein Interesse daran, was Männer selbst wollen. Vor dieser Frage steht bereits fest, wie sie sein sollen – und das orientiert sich keinesfalls an deren Bedürfnissen.

4. Den Mann in seiner Mitte finden

Zu kritisieren sind also zunächst weniger die Inhalte, als vielmehr die Art und Weise, wie hier einseitige feministische Ansichten zur Handlungsanweisung für Männer werden. So gegensätzlich die beiden Anforderungen zunächst scheinen – dass Männer hart gegen sich sein oder ihre weichen Seiten entwickeln sollen –, so sehr geht es bei beiden jeweils um «Männeroptimierung». Männer sollen sich bloß nicht fragen, was sie selbst wollen, sie sollen vielmehr so sein, wie es die anderen von ihnen erwarten.

«Die anderen», das kann die Partnerin sein, das können aber auch die Firma, der Verein, die Clique oder die Gesellschaft sein. In jedem Fall geht es darum, dass Männer funktionieren. Diese Diskussion hat sich mittlerweile so verselbständigt, dass selbst die Männerforschung zu weiten Teilen davon bestimmt ist und es den Männern am Ende nicht einmal mehr selbst auffällt.

Natürlich kann dies nur deswegen funktionieren, weil Männer bei diesem Spiel selbst mitmachen. Doch auch hier wissen wir, dass es sich dabei keinesfalls um eine freiwillige Entscheidung oder um eine biologische Disposition handelt. Vielmehr prägen die Anforderungen, denen Jungen bereits im frühesten Alter ausgesetzt sind, Männer derart, dass sie es verlernt haben, auf sich zu achten und ihre eigenen Bedürfnisse wahrzunehmen. Stattdessen werden sie zu Mutterbedienern, die über diesen Weg versuchen, ihr Leben halbwegs in Zufriedenheit zu gestalten – was jedoch kaum gelingt.

Aus dieser Konstellation entwickelt sich ein so interessantes wie bezeichnendes Paradox: Da sich der Mutterdienst im erwachsenen Leben keinesfalls nur auf die Partnerin bezieht, sondern durchaus auch «Mutter Firma», «Mutter Freundesgruppe» oder gar «Mutter Gesellschaft» einschließen kann, treten häufig Konkurrenzen zwischen den Anforderungen dieser «Übertragungsmütter» auf. «Übertragungsmütter» bezieht sich dabei auf alle Personen und Strukturen, gegenüber denen sich Männer so verhalten, wie sie es in früher Kindheit gegenüber ihrer Mutter gelernt haben. Kennzeichnend dafür ist das scheinbar freiwillige, weil verinnerlichte Dienen und die Hoffnung, darüber Berechtigung und Bestätigung zu erlangen. In dem Maße, wie die aus der frühen Situation resultierenden ambivalenten Gefühle nun auf unterschiedliche «Übertragungsmütter» verteilt werden, kann es zu scheinbar paradoxen Verhaltensmustern kommen. So leben oftmals gerade jene Männer, die sich im Dienst an der Firma verzehren, gegenüber ihrer Partnerin ihre negativen Muttergefühle aus – all der Frust und die heimliche Verachtung, die im frühen Missbrauch für die mütterlichen Bedürfnisse ihren Ausgangspunkt haben. In der Tiefe resultieren diese Gefühle jedoch nicht aus einer allgemeinen Frauenverachtung (als Pendant zu einer Männerverherrlichung). Sie sind vielmehr die Kehrseite der übergroßen Verpflichtung zu dienen, also des Gefühls, dass für die eigenen Empfindungen kein Platz ist, dass lediglich das eigene Funktionieren funktionieren soll.

Insofern ist unsere Gesellschaft mit ihrem oftmals immensen Arbeitsdruck, der dem frühen Lebensdruck entspricht, in der Tat ein Nährboden für den Streit zwischen den Geschlechtern und gelebter Frauenverachtung. Es wäre jedoch falsch, die Ursache dafür in einer gesellschaftlichen Unterdrückung der Frauen durch die Männer zu sehen, in einer «patriarchalen Dividende», wie es Connell beschreibt. Die Männer sind in diesem Spiel ebenso Verlierer. Den Vorteilen, die sie haben und die von feministischer Seite immer wieder hervorgehoben werden, stehen ebensolche Nachteile entgegen. Die Tabuisierung von Männlichkeit, die Entwertung männlicher

4. Den Mann in seiner Mitte finden

Potenz und die geringere Lebenserwartung von Männern sprechen für sich.

Das zentrale Problem der Bilder von Männlichkeit, die die Gesellschaft zur Verfügung stellt, sind falsche Vorstellungen davon, was männliche Stärke und männliche Schwäche sind. Das zentrale Merkmal falscher Stärke ist, dass Männer für andere stark sein sollen, dass sie sich bis hin zur Inkaufnahme eines realen Verlusts an Lebensjahren aufopfern und dabei sich selbst aus dem Blick verlieren. In den Sozialwissenschaften wird dies als «männliche Externalität» beklagt und einer traditionellen Männlichkeit zugeordnet. Doch bei genauerem Hinschauen sind es nicht nur die sogenannten traditionellen Männer, die nicht auf sich achten und die Maßstäbe ihres Handelns im Außen suchen. Auch die heutzutage so sehr geforderten «neuen Männer» sollen vor allem tun, was andere, die Partnerin oder auch der feministische Mainstream fordern.

Dies alles soll nicht etwa heißen, dass Frauen von ihren Partnern nichts fordern sollen. Aber Gleichberechtigung beinhaltet, dass nicht derjenige ein guter Mann ist, der selbstvergessen den Forderungen der Frauen nachkommt, wie es die kritische Männerforschung fordert. Es geht vielmehr um einen gemeinsam gestalteten Aushandlungsprozess in privaten Beziehungen wie in der Gesellschaft. Dessen Ziel ist nicht die Übervorteilung der jeweils anderen Seite, sondern die Gestaltung des Miteinanders auf der Grundlage eigener Bedürfnisse. Und zumindest auf gesellschaftlicher Ebene hat der Aushandlungsprozess zwischen den Geschlechtern noch gar nicht wirklich begonnen.

Männer müssen in der Tat in stärkerem Maße als bisher dafür eintreten, dass ein wirkliches Miteinander von Frauen und Männern in unserer Gesellschaft zustande kommt. Dies setzt jedoch voraus, dass sie mehr Verständnis für sich, die eigene Situation, die eigenen Nöte und eigenen Bedürfnisse entwickeln. Es ist an der Zeit, dass sich Männer stärker als bisher auf die Suche nach einer positiven Geschlechtsidentität machen. Hier ist die männliche Eigenverantwortung gefragt.

In den folgenden Abschnitten sollen die Grundzüge einer solchen positiven männlichen Identität entwickelt werden. Auch dabei treffen wir wieder auf eine Verschränkung individueller und gesellschaftlicher Prozesse. Denn natürlich ist zunächst erst einmal jeder Mann für sich gefordert, eine eigene positive Identität zu entwickeln – diesen Prozess kann ihm niemand abnehmen. Aber in seiner individuellen Entwicklung ist jeder Mann auf kulturelle und gesellschaftliche Bedingungen angewiesen. Andererseits beeinflussen Individuen immer auch soziale und gesellschaftliche Meinungen und Haltungen. Diese Wechselwirkung ist zu beachten, wenn von einem zu entwickelnden Bild positiver männlicher Identität gesprochen wird. Es geht dabei immer um individuelle *und* gesellschaftliche Prozesse.

Mit Zufriedensein zufrieden sein?

Der erste Schritt auf dem Weg zu einem positiven männlichen Selbstverständnis muss zunächst in Verunsicherung führen. Die Unzufriedenheit mit der gegenwärtigen Situation muss gespürt, ja erlitten werden, der Wille zur Veränderung reifen.

Aus einer Beratung:
Der Mann schildert seine Situation, die durch ein übergroßes Bemühen, es allen Seiten recht zu machen, gekennzeichnet ist. Er ist hin- und her-

4. Den Mann in seiner Mitte finden

gerissen zwischen den Ansprüchen seiner Ex-Frau und seiner jetzigen Partnerin. Während seine Ex-Frau immer wieder darauf drängt, dass er sich intensiv den beiden gemeinsamen Kindern zuwendet, möchte seine Partnerin, die nicht in derselben Stadt wie er lebt, in der gemeinsamen Zeit seine ungeteilte Aufmerksamkeit haben. Er erkennt die Ansprüche von beiden Seiten an, fühlt sich aber oft überfordert.

Berater: Sagen Sie, was brauchen Sie, um in Ihrer Situation glücklich zu sein?

Mann: Glücklich bin ich, wenn ich zufrieden bin. Und zufrieden bin ich, wenn ich den Ansprüchen meiner Kinder und meiner Partnerin gerecht werde.

Berater: Das heißt, dass Sie die Ansprüche beider Seiten berechtigt finden und so auch akzeptieren?

Mann: Natürlich.

Berater: Sie sind also glücklich, wenn Sie den an Sie gestellten Anforderungen gerecht werden?

Mann: Na, glücklich nicht, aber ich bin zufrieden. Und das ist es, worauf es ankommt.

Berater: Und fragen Sie sich nicht, wo Sie in diesem Spiel bleiben? Wollen Sie nicht mal etwas für sich haben? Sie scheinen sich doch enorm aufzureiben.

Mann: Das stimmt. Ich komme da nicht vor. Ich würde ja gern mal etwas für mich tun, meinen Hobbys nachgehen oder einfach nur mal an einem Sonnabendnachmittag in einer Kneipe die Bundesliga live sehen. Aber dazu habe ich keine Zeit. An den Wochenenden bin ich entweder bei meiner Partnerin in Berlin oder sie ist hier. Manchmal bin ich dann auch mit meinen Kindern zusammen. Das gibt immer mal Zoff, weil gerade meine jüngste Tochter nicht möchte, dass meine Partnerin dabei ist. Deswegen versuche ich, manchmal etwas mit ihr allein zu unternehmen. Aber dann fühlt sich meine Partnerin alleingelassen; sie möchte halt die Zeit mit mir zusammen verbringen, wenn wir uns schon mal sehen.

Mit Zufriedensein zufrieden sein?

Berater: Und die Woche über, wie ist es da?
Mann: Da bin ich immer für meine Kinder da, wenn sie mich brauchen. Sie können immer kommen und ich unternehme etwas mit ihnen. Und dann arbeite ich auch viel. Ich muss halt Geld verdienen.
Berater: Ist es bei all dem nicht möglich, dass Sie auch mal Zeit für sich haben?
Mann: Na, ich merke schon, dass ich auch Zeit für mich brauche. Aber so, wie es jetzt läuft, geht das nicht. Mit meiner Partnerin habe ich mal darüber gesprochen, dass ich alle zwei Monate ein Wochenende für mich haben möchte. Aber das fand sie zu viel. Sie ärgerte sich, dass wir dann noch weniger Zeit miteinander verbringen würden, weil das ja ein Wochenende beträfe, an dem ich jetzt ohne die Kinder nur mit ihr zusammen bin.

Die Haltung dieses Mannes ist typisch. Wenn die anderen zufrieden sind, ist er es auch. Als sich seine Frau von ihm getrennt hatte, sollte er zunächst nicht so viel für die Kinder da sein, denn die Frau hatte einen neuen Partner, mit dem sie «Familie leben» wollte. Als sie sich auch von dem neuen Partner trennte, forderte sie wieder mehr Engagement von ihrem Ex-Mann. Der wiederum war froh, endlich eine größere Rolle zu spielen. Er kam mit ihr überein, dass sie sich beide gemeinsam intensiv um die Kinder kümmern, damit sie unter der Trennung der Eltern nicht so sehr leiden. Schwierig wurde es erst, als er eine neue Frau kennenlernte. Nun drängte die Ex-Frau noch stärker darauf, dass er die Kinder nicht vernachlässigt und der vereinbarten gemeinsamen Sorge um sie gerecht wird. Das führte ihn unter anderem zu der Überlegung, mit der Ex-Frau und den Kindern wieder zusammenzuziehen, um innerhalb der Woche voll und ganz für die Kinder da sein zu können.

4. Den Mann in seiner Mitte finden

Die geschilderte Konstellation ließe sich in mehrfacher Hinsicht analysieren. Denn es ist zu fragen, ob die Eltern mit ihrem Arrangement den Kindern wirklich gut tun. Sicher ist eine Trennung der Eltern für Kinder immer schwer zu verkraften. Aber so zu tun, als sei es gar keine richtige Trennung, muss Kinder verwirren und kann am Ende noch mehr Schaden anrichten.

Aber schauen wir auf den Mann. Er sagt, dass er zufrieden ist, wenn es die anderen sind. Diese Aussage wirft ein interessantes Licht auf den Umstand des «Frauenbedienens»: denn es wird deutlich, dass dieser Mann gar nicht wirklich die Frauen im Blick hat. Die Zielvorgabe «Zufriedenheit» zeigt, dass es ihm um die eigene Entlastung geht, die sich jedoch nur dann erreichen lässt, wenn empfundene Belastungen wegfallen.

Die in diesem Verhalten versteckte frühe Mutter-Kind-Konstellation ist deutlich: Die Abhängigkeit von der Mutter, von deren Gefühlen und Verhalten, ist gerade in der ersten Lebenszeit so groß, dass es Kinder stark beunruhigt, wenn es ihr schlecht geht. Ein Kind braucht eine zufriedene Mutter, um selbst unbelastet leben zu können. Wenn aber eine Mutter diese Zufriedenheit nicht hat, wirkt das für das Kind emotional sehr belastend. Der geschlechtsspezifische Unterschied im Verhalten besteht darin, dass Mädchen sich zunehmend mit der Unzufriedenheit der Mutter identifizieren, während Jungen die Hoffnung entwickeln, durch Dienst an der Mutter Entlastung zu erreichen. Da dies jedoch höchstens zeitweilig gelingen kann, grenzen sich Jungen gleichzeitig von der Mutter und deren «leidender Stellung» ab. In der Folge finden wir bei Männern daher sowohl das «Frauenbedienen», das in der Tiefe «Mutterdienst» ist, als auch die Abgrenzung gegenüber Frauen, deren Ursache die emotionale Vereinnahmung durch die frühe Mutter ist.

Die Konsequenzen im erwachsenen Leben sind zweifacher Natur, wie das Beispiel dieses Mannes zeigt. Zum einen hat er nicht wirklich seine Partnerin im Blick, vermutlich nicht einmal seine Kinder. Jedenfalls geht es ihm nicht um liebevolle Zuwendung, wenn er sich um sie bemüht, sondern um Befriedigung der an ihn gerichteten Ansprüche *zur eigenen Entlastung*.

Die zweite Konsequenz ist, dass er seinen eigenen Glücksanspruch aufgibt. Die angestrebte Zufriedenheit bedeutet für ihn Entlastung und ist mithin ein Abgrenzungsimpuls. Keinesfalls aber erreicht er auf diese Weise ein glückliches Leben. Denn das hätte zur Voraussetzung, dass er sein Leben positiv gestaltet, dass er sich Liebe und Lust öffnet und seinen Weg geht. Sosehr er sich also anstrengt und versucht, in seiner wahrhaft anspruchsvollen – also von Ansprüchen vollen – Situation zurechtzukommen, so wenig wird es am Ende wirklich *sein* Leben gewesen sein.

Doch was hindert ihn eigentlich daran, sein Leben zu gestalten und weniger auf andere zu achten? Es ist die Angst vor dem Risiko des Alleinseins. Denn was ihm schlimmstenfalls passieren könnte, wenn er seinen Wunsch nach einem Wochenende für sich allein durchsetzt, wäre, dass ihn seine Partnerin verlässt. Ob sie das wirklich täte, steht noch gar nicht fest. Aber sie könnte es tun. Und davor hat er Angst, das möchte er keinesfalls riskieren. Denn damit würde er emotional an das schlimmste Szenario seiner Kindheit erinnert.

Aus einer Beratung:
Mann: Meine Freundin hat mich unter Druck gesetzt. Sie hat mir die Trennung angedroht, wenn ich mich nicht ändere. Ich habe mich erstmal nicht auf das Gespräch einlassen wollen. Da ist sie weggegangen und hat bei einer Freundin übernachtet. Nach drei Tagen habe ich es

4. Den Mann in seiner Mitte finden

aber nicht mehr ausgehalten. Ich habe es wirklich versucht, aber es geht mir richtig schlecht allein und ich habe Angst, sie wirklich zu verlieren.

Ich habe sie also um ein Gespräch gebeten und sie gefragt, unter welchen Bedingungen sie sich nicht von mir trennt. Sie hat dann als Erstes gesagt, dass sie keine Miete mehr bezahlen möchte. Sie war bei mir vor zwei Jahren eingezogen. Ich wohne in einer Eigentumswohnung, die ich abbezahle. Sie hatte schon von Anfang an rumgemosert. Sie wollte nichts zahlen, weil es ja meine Eigentumswohnung ist. Aber ich wollte wenigstens einen kleinen Anteil von ihr haben. Jetzt aber machte sie es zur Bedingung, nichts mehr zahlen zu müssen. Und dann wollte sie auch, dass ich ab und an zu ihrem Vater mitgehe. Ich kann den eigentlich nicht ausstehen, aber sie besucht ihn. Und nun möchte sie, dass ich mitkomme.

Ich habe es mir überlegt und bin zu dem Schluss gekommen, dass ich ihr ihre Bedingungen erfülle. Ich verliere so zwar 175 Euro im Monat, aber wenn sie mich verlassen würde und ich mir den Sex bei einer Prostituierten holen müsste, würde ich im Monat mehr bezahlen. Und zu dem Vater ... Na ja, das geht schon ab und an mal. Ich denke also, dass ich mache, was sie will.

Ich weiß, mir stehen in der jetzigen Situation zwei Wege offen. Entweder gehe ich auf ihre Bedingungen ein oder sie trennt sich und ich bleibe allein. Mag ja sein, dass das nicht sehr männlich ist, wenn ich nachgebe. Aber ich habe gemerkt, dass ich es einfach nicht aushalte, allein zu sein. Ich schaffe das einfach nicht.

Berater: Und haben Sie selbst in dem Gespräch Bedingungen gestellt?
Mann: Nein. Ich bin ja damit zufrieden, wie es ist.

Dieser Mann schätzt seine Situation realistisch ein. Er vermag es nicht, allein zu sein, und deshalb unterwirft er sich bewusst den Bedingungen der Frau. Das hat dann allerdings nichts mehr mit Liebe zu tun. Und genau hier liegt das Problem. Denn die Forderungen der Frau zielen auf den Wunsch ab, geliebt zu werden. Sie macht es zwar an äußeren Punkten fest und kann damit eindeutige Forderungen stellen. Aber unterschwellig möchte sie sein Herz erreichen.

Dass er berechnend reagiert, ist von beiden gleichermaßen zu verantworten. Ihr Anteil daran ist, dass sie Forderungen stellt, die ihr nicht das bringen können, was sie möchte. Sein Anteil ist seine Angst vor dem Alleinsein. Für beide bringt das Arrangement nur kurzzeitige Entlastung. Sie wird sehr schnell merken, dass sie im Grunde nichts gewonnen hat. Denn 175 Euro machen sie nicht reich, und ob sie zu ihrem Vater allein oder mit ihrem ja nach wie vor unwilligen Partner geht, ist ziemlich nebensächlich. Und so wird das passieren, was schon das Grimm'sche Märchen vom «Fischer und seiner Frau» beschreibt: Sie wird weitere unsinnige Forderungen stellen und er wird immer wieder vor der Entscheidung stehen, ob er sich seiner Angst vor dem Alleinsein endlich doch stellt.

Selbstverständlich lassen sich hier keine Ratschläge geben. Vielmehr müssen beide selbst – und zwar jeder für sich – diesen Erkenntnisprozess durchschreiten. Die Gefahr ist jedoch, dass sie sich noch jahrelang darum herummogeln. Das Ergebnis wäre eine verbitterte Frau und ein vertrottelter Mann.

Der Weg ins Alleinsein

Die Angst vor dem Alleinsein konfrontiert den Mann mit frühen Erfahrungen, mit Verlassenheitsgefühlen, die er wahrscheinlich schon als Baby erleiden musste. Das war ihm auch bewusst. Er votierte jedoch dafür, die Gefühle der Verlassen-

4. Den Mann in seiner Mitte finden

heit, die in ihm aufsteigen würden, wenn sich seine Partnerin von ihm trennte, nicht aushalten zu wollen. Er traf damit eine bewusste Entscheidung, die als – zumindest vorübergehende – Entscheidung gegen sein Mannsein einzuschätzen ist. Solange er sich nicht seinen frühen Gefühlen aussetzen möchte, wird er auch seine männliche Identität nicht entwickeln können.

Wie ich beschrieben habe, ist eigenständige Männlichkeit durch zwei Schritte gekennzeichnet:

1. Klärung der eigenen Position *für sich selbst*.
2. Offensives Vertreten dieser Position gegenüber anderen, ohne dabei in den Krieg zu ziehen.

Die genauere Analyse ergibt indessen, dass diesen beiden Schritten noch ein weiterer vorangehen muss. Denn um die eigene Position klären zu können, muss man erst einmal dessen gewahr werden, dass genau das bislang nicht erfolgt ist. In den Paarberatungen höre ich von Männern immer wieder, sie würden ja tun, was sie wollen – so wie der Mann in unserem letzten Beispiel, der selbst keine Forderungen an seine Partnerin hat, weil er mit der Beziehung zufrieden ist.

Auch der Mann, der sich zwischen den Anforderungen seiner Ex-Frau und seiner Partnerin aufreibt, war zunächst davon überzeugt, genau das Leben zu führen, das er führen will. Erst allmählich, durch das beharrliche Nachfragen des Beraters, durch das Zur-Verfügung-Stellen eines Raumes, in dem er einmal nur an sich denken und seine Gefühle und seine niedergehaltenen Bedürfnisse endlich spüren konnte, war er bereit, sich den Zwang einzugestehen, in dem er sich befindet.

Wenn diese Erkenntnis aufbricht, sitzen scheinbar lebenstüchtige, erfolgreiche und kompetente Männer da – und sind ratlos. Die Männer, die die Illusion aufgeben, ihr Leben sei selbstbestimmt und entspreche genau dem, was sie wollen,

Der Weg ins Alleinsein

wissen erst einmal gar nicht, was sie wirklich selbst wollen. Daher ist es verständlich, dass Männer an den Anforderungen festhalten, die an sie gestellt werden, und sich dabei noch zufrieden wähnen. Die Anforderungen geben ihnen Sicherheit; sie entsprechen dem Lebensmuster, das sie kennen. Manager, Politiker, Professoren und all jene Männer, welche die Posten innehaben, die in der feministischen Diskussion als Bastionen patriarchaler Macht beschrieben werden, verzehren sich – zum größten Teil zumindest – im Dienst für andere. Und sie sind unter anderem bereit, dafür Jahre ihres Lebens herzugeben.

Der Weg aus dieser Situation der Entfremdung führt zwangsläufig zu der Frage, was sie wirklich, und zwar für sich selbst möchten. Und die Männer, die im Dienst an der Firma, an der Gesellschaft oder an der Familie große Kompetenzen entwickelt haben, werden – falls sie überhaupt bereit sind, ihr Lebenskonzept infrage zu stellen – das erst einmal nicht wissen. Diese Situation der Ratlosigkeit ist Ausdruck eines realen Alleinseins, das Männer erleben müssen, um zu einer eigenen, positiven männlichen Identität zu finden. Es unterscheidet sich vom frühen Verlassensein des Kindes darin, dass es unausweichlich ist: Ein erwachsener Mensch führt sein Leben für sich.

Alleinsein muss also nicht unbedingt bedeuten, sich auf eine einsame Insel zu begeben, fernab von den Anforderungen und den sozialen Kontakten des Alltags. Der Weg ins Alleinsein meint vor allem, in einem inneren Prozess die grundsätzliche Eigenständigkeit zu erkennen. Dies lässt sich durch äußere Schritte unterstützen, setzt sie jedoch nicht zwangsläufig voraus. Wichtig und zentral ist das Loslassen vertrauter Sicherheiten, das oftmals mit Gefühl-, immer aber mit Sprachlosigkeit verbunden ist.

4. Den Mann in seiner Mitte finden

Natürlich bleibt es nicht bei der Ratlosigkeit. Bisher haben Männer immer ihre Sprache gefunden und gelernt, ihre Gefühle wahrzunehmen, wenn sie das wirklich wollen. Aber dazu ist es erst einmal notwendig, die anfängliche Sprachlosigkeit auszuhalten und nicht gleich mit angelernten Sätzen zu überdecken. Die Sprachlosigkeit ist schmerzhaft und erinnert an die frühe sprachlose Verlassenheit, die sie als Baby durchleiden mussten. Aber diese Situation hat allen unangenehmen Empfindungen ungeachtet nun eine andere Qualität. Denn sie beinhaltet einen ersten Schritt zu einer erwachsenen Eigenständigkeit. Sie ist das notwendige Loslassen der gewohnten Sicherheiten und mithin die Voraussetzung dafür, eine eigene Position zu entwickeln und auch gegenüber anderen zu vertreten.

Dieser Prozess ist natürlich nicht abgeschlossen, indem der Weg zum Alleinsein und in die Sprachlosigkeit hin zum Erspüren des eigenen Wollens ein einziges Mal gegangen wird. Der Schritt ins Alleinsein muss vielmehr stets aufs Neue unternommen werden. Rückfälle kann es und wird es auch geben. Aber allmählich entwickelt sich ein Selbstverständnis, das akzeptiert, dass das eigene Wollen manchmal mühevoll errungen werden muss, aber dass es dazu keine Alternative gibt.

Notwendige Bevaterung

Wenn sich Männer schwertun, den Weg zu einer eigenen positiven Identität zu gehen, hat das nichts mit einer falschen Einstellung oder gar Ignoranz zu tun. Dieser Weg führt ins Ungewohnte, er führt auf unbekanntes Terrain. Bekannt ist Männern im Allgemeinen die Orientierungssuche im Außen, das Nichtgewahrwerden der eigenen Bedürfnisse; bekannt ist auch die Hoffnung, nicht allein zu sein und Entlastung von den Ansprüchen anderer zu finden. Unbekannt ist dagegen der Weg zur Eigenständigkeit und zu einem offensiven Vertreten der eigenen Positionen, ohne gleich Streit und Krieg zu führen. Selbstverständlich gilt das für jeden Einzelnen in unterschiedlichem Ausmaß. Es scheinen aber doch die meisten Männer davon betroffen zu sein und erst recht kennzeichnet diese Beschreibung das Auftreten der Männer als gesellschaftliche Gruppe.

Wenn wir den notwendigen Prozess hin zu einem erwachsenen Mannsein mit der Entwicklung in der frühen Kindheit vergleichen, dann lässt sich der Weg ins Alleinsein, aber auch das Ringen um Sprache als ein Loslösungsprozess von der Mutter verstehen. Im erwachsenen Leben sind an die Stelle der realen Mutter die verinnerlichten Empfindungen, Haltungen und Verhaltensweisen aus der frühen Kindheit getreten. Von ihnen gilt es, sich zu lösen. Und war in der frühen Zeit der Vater notwendig, um dem Jungen Mut zur Eigenständigkeit zu machen, ihn in die Welt zu begleiten und so die Mutterbindung der ersten Lebenszeit zu lockern, bedarf es nun eigener Kräfte, um diesen Prozess in Gang zu setzen.

Erfahrungsgemäß braucht ein Mann dabei die Hilfe von außen, um sich aus den fest eingeprägten Denk- und Verhaltensweisen zu lösen. Zu schnell erliegen Männer – und auch Frauen in ähnlichen Situationen – der Versuchung, an Bekanntem festzuhalten, möchten sie ihre Ratlosigkeit sofort auflösen und in alte Verhaltensweisen zurückkehren. Die verbreitete Strategie liegt dann in dem Bemühen, die äußeren Lebensumstände so zu ändern, dass sie wieder zum gewohnten inneren Muster passen. Äußere Veränderungen dienen so dem Stillstand im Inneren.

4. Den Mann in seiner Mitte finden

So könnte sich beispielsweise der den Forderungen seiner Partnerin nachgebende Mann der Gefahr erneuter Verunsicherung durch immer neue Ansprüche seiner Frau dadurch entziehen, dass er eine andere kennenlernt und mit ihr ein neues Partnerschaftsprojekt beginnt, in dem er sich vielleicht weniger Ansprüchen ausgesetzt sieht. Aber er würde auch weiterhin keine eigenen Forderungen entwickeln und erst recht nicht lernen, allein sein zu können. Oder der Mann, der zwischen den Ansprüchen der Ex-Frau und der Partnerin aufgerieben wird, könnte seine Partnerschaft aufgeben, um wieder besser für die Kinder zu funktionieren. Vielleicht würde er sich sogar dadurch entlasten, dass er wieder zu seiner Ex-Frau zurückkehrt. Doch damit lernt er keinesfalls, sein Leben selbst zu gestalten und in die eigenen Hände zu nehmen.

Beide Beispiele zeigen, dass äußere Veränderungen damit einhergehen können, dass im Inneren alles beim Alten belassen wird, manchmal sogar lediglich ein Vorwand dafür sind, in Wirklichkeit nichts verändern zu müssen. Ganz in diesem Sinne ist auch die Diskussion um die «neuen» oder auch die «modernen» Männer vor allem der Versuch, oberflächliche Änderungen herbeizuführen, ohne wirklich am Geschlechterverhältnis zu rütteln.

Dies bestätigt etwa die bereits zitierte *Vorwerkfamilienstudie 2008*. Denn selbst bei den Paaren, die sich nach eigenen Aussagen die Hausarbeit gerecht teilen beziehungsweise bei denen der Mann mehr macht als die Frau, gibt es weiterhin einen hohen Anteil an Frauen, die sich sehr belastet fühlen und unzufrieden sind. Der Schluss liegt nahe, dass es in der Tiefe um andere Probleme geht, als um solche, die gemeinhin unter der Chiffre «moderner Mann» beschrieben werden.

Für Männer kann daraus die Konsequenz nur sein, jenseits aller oberflächlichen Lebensveränderungen zu einer wirklichen Veränderung der Seele, zu einer Entwicklung ihres Mannseins zu gelangen. Dies gelingt jedoch nur, wenn sie ihre Bedürfnisse entdecken, zu eigenen Positionen gelangen und den Mitmenschen, aber auch Institutionen oder der Gesellschaft insgesamt männlich gegenübertreten. Dazu ist es notwendig, sich ernst zu nehmen und ein eigenständiges Leben zu führen.

Der tiefere Grund, warum viele Versuche der eigenen Lebensveränderung scheitern, hat mit fehlender Vaterkraft zu tun. War in der frühen Kindheit der Vater wichtig, um Hilfestellung auf dem Weg zu Eigenständigkeit und Selbstbestimmtheit zu geben, steht dem erwachsenen Mann der Vater nicht mehr zur Verfügung. Es ist demnach eine sekundäre Bevaterung notwendig – die Entwicklung von Vaterkraft auch ohne den realen Vater. Dazu bedarf es oft der Hilfe von außen. Denn wer schon als Junge keinen guten Vater kennengelernt hat, dessen Bild er in seiner Seele trägt und dessen Lebenshaltung Vorbild ist, dem wird es auch als erwachsenem Mann kaum möglich sein, Vaterkraft von allein zu entwickeln. Er bedarf also der Ersatzväter.

Das können Therapeuten, Berater, Pfarrer, aber auch andere Vorbilder bis hin zu Chefs sein, manchmal auch Freunde, Männergruppen oder Bücher. Es kommt dabei weniger auf *die eine* Person an, die diesen Platz ausfüllen kann und die gesucht und gefunden werden muss. Vielmehr geht es um das Prinzip. Es kommt darauf an, mithilfe anderer Sichtweisen die festgefahrenen Wege zu verlassen und zu sich und den eigenen Bedürfnissen zu gelangen.

Und hierin liegt auch die Gefahr, die ein anderer Mensch für die eigene Entwicklung mit sich bringt. Denn ein Ersatzvater kann nur so weit führen, wie er selbst in seiner Entwicklung

4. Den Mann in seiner Mitte finden

gelangt ist. Und dabei darf es schon gar nicht um irgendwelche Ideologien oder Glaubensrichtungen gehen, von denen ein «Ersatzvater» meint, man müsse sie annehmen, um Mann zu werden. Die größte Gefahr von Ersatzvätern liegt darin, dass sie, von eigener Sehnsucht getrieben, die Eigenständigkeit der «Ersatzsöhne» gerade nicht fördern.

Diesen Eindruck habe ich bei einer Reihe von Jungenprojekten gewonnen. Die Jungenarbeiter spüren die eigenen Vaterdefizite und sind von dem Wunsch beseelt, es mit den ihnen anvertrauten Jungen besser zu machen. Die Gefahr ist, dass diese Jungen damit zum Sehnsuchtsobjekt werden. Sie lernen auf diese Weise keine bessere Väterlichkeit kennen, sondern eher eine Art von «Bemutterung». Die Jungenarbeiter führen die Jungen so letztlich nicht in die Selbständigkeit, sondern sie erzeugen neue Abhängigkeiten.

Und was für die Jungenarbeit gilt, gilt in gleicher Weise für Männerangebote. Auch hier besteht die Gefahr, dass Ersatzväter eher Abhängigkeiten verstärken, als in die Eigenständigkeit zu führen.

Aus einer Männergruppe:
Mann: Ich war letzten Monat in Frankreich bei einem Yogakurs. Dabei ging es nicht nur um die Übungen, sondern um die ganze damit verbundene Philosophie. Das hat mir viel gegeben. Jetzt weiß ich auch endlich, dass ich mein Leben verändern kann. Was ich dort erfahren habe, war richtig gut. Wir waren uns dort in der Gruppe so nah, wie ich es noch nie erlebt habe. Das war ein intensives Miteinander unter uns Männern, aber auch mit den Frauen. Ich werde dort in zwei Monaten wieder hinfahren. ...

(An den Gruppenleiter gewandt:) Ich will Sie ja nicht kritisieren. Aber Ihre Ansicht, dass die frühen Defizite bleiben, kann ich nicht mehr teilen. Ich habe erfahren, dass Heilung möglich ist. Und das möchte ich weiter erleben.

Der Mann, der diese Worte sprach, war davon überzeugt, einen Heilsweg für sich gefunden zu haben. Dass er damit eine Entscheidung trifft und bereit ist, einen eigenen Weg zu gehen – immerhin verabschiedete er sich mit diesen Worten aus der Männergruppe –, ist zu begrüßen. Das Problem ist jedoch, dass er sich in der Hoffnung, von frühen Mutterdefiziten geheilt zu werden, wieder in ein mütterliches Angebot begibt, das auch noch Illusionen nährt und damit Abhängigkeit schafft. Mannsein wird er auf diesem Weg nicht lernen können. Natürlich kann es sein, dass dieser Umweg für ihn wichtig ist. Diese Möglichkeit besteht immer. Aber es gibt eben auch genug Männer, für die ein solches Angebot das Ende der eigenen Entwicklung bedeutet.

Die Gefahren, denen Männer bei der Suche nach einer nachträglichen Bevaterung ausgesetzt sind, liegen allerdings auch in der Natur der Sache. Sie müssen Vertrauen zu jemand fassen, sie müssen sich von ihm – zumindest ein Stück – leiten lassen. Aber dies darf nicht zu weit gehen, es muss begrenzt bleiben. Denn Ziel der Bevaterung ist die Eigenständigkeit, die Entwicklung von eigener Vaterkraft.

Trotzdem soll diese Warnung nicht zu absolut gesehen werden. Denn die andere Gefahr, der Männer noch mehr erliegen, ist, sich gar nicht mehr um den eigenen Weg zu bemühen und auch keine Hilfe in Anspruch zu nehmen. Der Mann, der zwischen den Ansprüchen seiner Ex-Frau und seiner Partnerin aufgerieben wurde, hätte ohne äußere Hilfe keinen Weg aus seiner Not finden können. Zu sehr war er von der Vorstellung geprägt, dass Entlastung nur auf dem Weg maximaler Befriedi-

4. Den Mann in seiner Mitte finden

gung der an ihn gestellten Ansprüche zu erlangen ist. Und so wie diesem einen ergeht es vielen Männern. Die jeweiligen Prägungen sind so tief in der Persönlichkeit verankert, dass sich die Betreffenden nicht alleine davon frei machen können. Deshalb muss der Weg in die Eigenständigkeit zumeist über männliche Hilfe führen.

Raum für Gefühle

Ich hatte von der Notwendigkeit des Weges ins Alleinsein gesprochen. Auch daran lassen sich gute von schlechten Angeboten unterscheiden. Angebote, die Männern vorgaukeln, dieser Schritt sei nicht notwendig, zeugen von mangelnder Vaterkraft. Wer sie macht, will den betreffenden Männern unangenehme Gefühle ersparen und sie vielleicht durch Gefälligkeit an sich binden. Doch Vaterkraft zeichnet sich auch dadurch aus, anderen Unangenehmes zuzumuten, wenn es für deren Entwicklung notwendig ist. Dies gilt besonders für das Spüren des Alleinseins. Eine wichtige Aufgabe nachträglicher Bevaterung ist daher, den Schritt ins Alleinsein zu fördern und dabei zu helfen, das Alleinsein auch auszuhalten.

Der nächste Schritt zum eigenständigen Mannsein besteht dann jedoch darin, wieder stärker die eigenen Gefühle und Empfindungen wahrzunehmen und eine eigene Sprache zu finden. Männer, die ihre bisherigen Sicherheiten aufgegeben und ihre Ratlosigkeit gespürt haben, schildern, dass sie an diesem Punkt der Entwicklung in sich eine große Wut aufsteigen spüren oder traurig sind.

Raum für Gefühle

Aus einem Workshop:
Berater: Und wie geht es Ihnen, wenn Sie sich Ihre Situation vor Augen halten?
Erster Mann: Ich fühle mich dumpf. Meine Bedürfnisse spielten einfach keine Rolle, meine Mutter hat mich zwar versorgt, aber dass sie irgendwie mal für mich dagewesen ist, das gab es nicht. ... Wenn ich krank war, hat sie mich allein gelassen und ist zur Arbeit gegangen. Da hat sie sich als Kindergärtnerin dann um die anderen Kinder gekümmert, aber ich war allein zu Hause und habe das nicht ausgehalten. Ich bin dann raus und durch die Straßen gelaufen. Mit Fieber. Das weiß die bis heute nicht.
Berater: Und warum fühlen Sie sich jetzt dumpf? Das, was Sie erzählen, könnte Sie doch wütend auf Ihre Mutter machen.
Mann: Nein, Wut spüre ich nicht. Das hat doch eh keinen Zweck.
Berater: Es stimmt, dass es für Sie als Kind damals keinen Zweck hatte, wütend zu sein. Vermutlich wären Sie sogar noch dafür bestraft worden.
Zweiter Mann: Aber ich spüre die Wut schon. Wenn ich das höre, könnte ich platzen! Das ist doch eine Sauerei! Meine Eltern haben sich auch nicht um mich gekümmert, wenn ich mal krank war. Mein Vater hat immer gesagt: «Stell dich nicht so an. Beiß die Zähne zusammen. Das ist doch nicht so schlimm» Und ich habe mir dann nicht getraut zu sagen, dass es mir schlecht geht. Wenn ich mir das vor Augen halte, könnte ich losschreien!

Dieses Beispiel ist typisch für die Empfindungen, die aus der Ratlosigkeit heraus entstehen. Es geht zunächst nicht um die gegenwärtige Situation, also etwa um die Partnerschaft. Es geht vielmehr um die Ursachen der Ratlosigkeit. Und diese sind fast immer in den Erfahrungen der Kindheit zu finden. Ärger macht sich breit über den frühen Missbrauch und die frühen

4. Den Mann in seiner Mitte finden

Vernachlässigungen, Verzweiflung über die nicht wahrgenommene Kinderseele bricht hervor. Dies geschieht zunächst verbal, denn viele Männer haben es nicht gelernt, solche, als negativ empfundene Gefühle unmittelbar auszudrücken. Sie brauchen erst einmal Bestätigung, dass sie richtig empfinden.

Häufig spüren Männer ihre Wut auch nicht unmittelbar – so wie der erste Mann in unserem Beispiel. Dies kann ein Zeichen dafür sein, dass die Wut mit besonderen Verboten belegt war. Es kann aber auch der Ausdruck einer emotionalen Zwickmühle sein, in der sich der Mann als Kind befand: Damals war er wütend, weil die Mutter so mit ihm umging, aber wenn er diese Wut ausgedrückt hätte, hätte er vielleicht noch weniger bekommen als ohnehin schon. Deshalb schluckte er die Wut lieber gänzlich hinunter. Als erwachsener Mann nun fällt es ihm immer noch schwer, die Wut zu empfinden und auszudrücken. Dass aber Wut in seiner Seele steckt, zeigt sich an der Reaktion der Gruppe. Wie in diesem Beispiel der zweite Mann, sagen in vergleichbaren Situationen andere Männer oft, dass sie das Gehörte wütend macht. Diese Rückmeldungen können dem Mann, der kaum emotionalen Kontakt zu seiner Wut hat, eine Hilfe sein.

Das Ergebnis des Sprechens über die aufsteigenden Gefühle und über ihre Ursachen sollte ihr emotionaler und körperlicher Ausdruck sein. Da sie wie eine Decke über den erwachsenen Empfindungen liegen, müssen sie erst einmal herausgelassen werden. Die Männer schlagen auf einen Sack, sie treten in ihn hinein, sie schreien und lassen auch ihrer Verzweiflung freien Lauf.

Wichtig bei all dem ist, dass ein Raum zur Verfügung gestellt wird, der zweierlei anbietet: Zum einen Schutz, verbunden mit der Möglichkeit, heftige Gefühle auszuleben, ohne sich und andere zu verletzen oder Gegenstände zu beschädigen. Deswegen stellen wir in unseren Gruppen einen ausgestopften Sack und einen gepolsterten Knüppel zur Verfügung. Zugleich achten die Leiter auf die Einhaltung der Regel, niemanden zu verletzen und nichts zu beschädigen.

Zum zweiten aber geben die Gruppenleiter auch die Erlaubnis für diese Gefühle. Da Wut und Verzweiflung Empfindungen sind, die in der Kindheit zumeist verboten waren und deren Ausleben oftmals mit Strafe und Liebesentzug geahndet wurde, fällt es Männern sehr schwer, diese Gefühle auch wirklich zuzulassen. Sie beißen sich lieber auf die Zunge, statt zu schreien. Das Schweigen der Männer, das immer wieder beklagt wird, hat in den frühen Verboten, in Entwertungen und Nichtbeachtung seinen Ursprung. Die Workshops und Männergruppen ermutigen deshalb dazu, solche Gefühle herauszulassen, um diesen Ballast ein wenig loszuwerden. Dazu trägt auch die Gruppensituation bei, da sich hier in ähnlicher Weise betroffene Männer solidarisch unterstützen können.

Es ist wichtig, dass diese heftigen Gefühle in ihrem Ursprung richtig verstanden werden. Bei solchen Wutattacken oder auch Verzweiflungsausbrüchen handelt es sich um Empfindungen, die mit der eigenen frühen Geschichte zusammenhängen. Wird das nicht beachtet, besteht die Gefahr, sie im realen, gegenwärtigen Geschehen auszuleben, wie es im Alltag so oft geschieht. Es wird dann eine Frau oder ein anderer Mann geschlagen, es werden Gegenstände zerstört oder gar Suizid begangen. Die Zerwürfnisse im Geschlechterverhältnis lassen sich so als Ausleben früher Gefühle verstehen – und zwar bei Männern wie bei Frauen.

Wenn Männer sich wirklich verändern wollen, stoßen sie inmitten ihrer Ratlosigkeit fast zwangsläufig auf heftige Ge-

4. Den Mann in seiner Mitte finden

fühle, die zum Ausdruck gebracht werden müssen, um der weiteren Entwicklung nicht im Weg zu stehen. Dafür ist es wichtig, dass Räume zur Verfügung gestellt werden. Auch hier brauchen Männer also Hilfe.

Selbstverständlich ist auch das ein sich wiederholender Prozess. Die Wut muss immer mal wieder ausgedrückt, die Verzweiflung immer mal wieder gelebt werden. Ich spreche also keinesfalls von einem einmaligen Geschehen, das man irgendwie hinter sich bringen muss. Vielmehr geht es um eine neue Lebenshaltung, die erarbeitet sein will. Dazu gehört die Akzeptanz immer wieder auftauchender Ratlosigkeit, Wut und Verzweiflung. Der Lohn dieses Prozesses liegt darin, sich zu entdecken und den Kontakt zur eigenen Männlichkeit zu finden.

Mannsein im Alltag

Der Weg zum erwachsenen Mannsein ist mit der Empfindung von Ratlosigkeit und dem Ausdruck früher Gefühle natürlich nicht zu Ende. Im nächsten Schritt muss es darum gehen, das eigene Verhalten zur Disposition zu stellen. Männer, die bis zu diesem Punkt gelangen, stehen vor der Frage, wie sie ihr Leben gestalten sollen. Sie fragen sich nach ihrem neuen Selbstverständnis, mit dem sie ihre Beziehungen gestalten, sie fragen sich nach ihrer ganz eigenen männlichen Identität. Diese kann jetzt nicht mehr darin bestehen, einfach weiter zu erspüren, was von ihnen erwartet wird. Vielmehr geht es um Eigenständigkeit und Eigenverantwortlichkeit. Dies muss keineswegs heißen, sich nun bewusst gegen andere zu stellen und sich unbedingt behaupten zu müssen. Das wäre auch nur wieder ein Zeichen von Abhängigkeit. Es geht darum zu prüfen, was Mann selbst will und dabei nicht auf die Bestätigung anderer angewiesen zu sein. Wenn Zustimmung und Bestätigung erfahren wird, ist das kein Problem. Schwirig wird es hingegen, wenn keine positiven Reaktionen zu erwarten sind. Denn auch dann muss ein Mann zu sich und seiner Position stehen.

Wie ernst das sein kann, haben wir bei dem Mann gesehen, der Probleme mit seiner Gitarrengruppe hat. Er steht zwangsläufig vor einer Entscheidung: Macht er weiter mit wie bisher, dann geht der Spaß verloren und nach und nach schleicht sich frustrierte Resignation ein. Der Preis fürs Weiterwursteln ist ein Verlust an Lebendigkeit. Bezieht er hingegen Position und tritt für eindeutigere Absprachen und eine stärkere Verbindlichkeit ein, dann besteht die Gefahr, dass die Freundschaften nicht mehr halten und die Gruppe auseinanderfällt. Es kann aber auch besser werden; dann würden die gemeinsamen Projekte neue Energie und Lebendigkeit erhalten. Das zentrale Risiko, mit dem Mannsein demzufolge verbunden ist, besteht darin, am Ende allein zu sein. Aber was wäre die Alternative? Halbe Freundschaften und halbe Lebendigkeit.

Aus einer Männergruppe:
Mann: Ich war letztes Wochenende allein bei mir zu Hause, meine Freundin war nicht da. Da habe ich mich richtig gut gefühlt. Ich habe Sachen gemacht, mich um den Haushalt gekümmert. Das hat mir nichts ausgemacht, im Gegenteil, es hat Spaß gemacht. Wenn meine Freundin da ist, habe ich eigentlich mehr Zeit für mich. Aber ich habe dann nur wenig Lust, irgendetwas zu tun. Eigentlich könnte ich meinen Hobbys nachgehen. Aber irgendwie bin ich ziemlich unglücklich – obwohl mir meine Freundin die ganze Hausarbeit abnimmt.

4. Den Mann in seiner Mitte finden

Die Situation, in der sich der Mann befindet, klingt verführerisch. Er ist von Montag bis Freitag beruflich viel unterwegs und nur am Wochenende richtig zu Hause. In dieser Zeit trifft er sich dann auch mit seiner Freundin, mit der er nicht zusammenwohnt und die ihm dann einen Großteil seiner Hausarbeit abnimmt. Sie will ihm helfen, Ordnung zu halten.

Im Gruppengespräch äußern sich mehrere Männer dahingehend, dass sie es toll finden, dass die Frau die Hausarbeit macht. Sie bewerten es als männlich, dass der Mann diese Arbeit gemacht bekommt. Doch sie bemerken nicht, dass dadurch ganz subtil – als Hilfsangebot verpackt – eine Entmachtung seiner Intimsphäre stattfindet. Nach seinen Aussagen hat er ganz andere Maßstäbe für Sauberkeit und Ordnung in seiner Wohnung als seine Freundin. Nun aber setzt sie die ihrigen durch. Vermutlich geschieht eine solche Art der Machtübernahme in Partnerschaften öfter. Hier fällt sie vor allem dadurch auf, weil es sich um die Wohnung des Mannes handelt, in der plötzlich die Freundin die Maßstäbe setzt.

Zwei Punkte lassen ihn aufmerken. Zum einen stellt er fest, dass es ihm allein besser geht, ja dass allein selbst die Hausarbeit Spaß macht. Und zum anderen klagt er über zunehmende sexuelle Lustlosigkeit. Während ihm Selbstbefriedigung und auch die Phantasie von Sex mit anderen Frauen Spaß bereiten, hat er kaum noch Lust, mit seiner Freundin zu schlafen. Der Hauptgrund dafür dürfte sein, dass er es nicht geschafft hat, sich seine Intimsphäre zu bewahren.

Männer sollten zu großer Hilfsbereitschaft stets mit einiger Vorsicht begegnen. Die Sorge um Haushalt und Kinder verleiht eben auch Macht – eine Tatsache, die im Gegensatz zur amerikanischen Geschlechterforschung in Deutschland kaum thematisiert wird. Die Pförtnerfunktion (Gatekeeper), die

Frauen in Partnerschaften öfter einnehmen und die sich darin äußert, dass sie die Maßstäbe in Sachen Ordnung und Struktur bis hin zum Verhalten den Kindern gegenüber setzen, wird in unserem Land kaum öffentlich diskutiert.

Der Mann in unserem Beispiel sollte sich nicht über die Frau beschweren, sondern stattdessen auf seinen Bereich und auf seine Bedingungen achten. Männlichkeit beweist sich in diesem Fall dadurch, dass er die Arbeiten in seiner Wohnung alleine erledigt. Will ihm die Freundin wirklich helfen, dann muss sie dies zu seinen Bedingungen tun.

Das geht nicht gegen die Frauen. Vielmehr ist der Mann gefordert, sich ernst zu nehmen. Spätestens die beiden genannten Alarmzeichen zeigen, dass hier etwas nicht richtig läuft. Männliches Verhalten zeichnet sich demzufolge erstens dadurch aus, das eigene Leben – gerade auch in seiner Alltäglichkeit – ernst zu nehmen und sich nicht vorschnell mit Lösungen zufriedenzugeben, die verführerisch sind, weil sie einen scheinbar entlasten. Und zweitens meint männliches Verhalten, die eigenen Meinungen und Bedürfnisse auch zu vertreten und das Miteinander auf dieser Grundlage auszuhandeln.

Aus einer Beratung:
Mann: Mannomann! Ich war bei einem Wochenende mit Freunden. Mir ging es da richtig gut. Wir haben bei einem Freund an der Scheune gebaut und hatten einen Heidenspaß. Jeder konnte seine Stärken einbringen. Wir haben gebaut und gelacht und abends haben wir am Lagerfeuer gefeiert. Es war herrlich und ich hatte eine richtig gute Energie, als ich am Sonntag wieder nach Hause fuhr.
Ich hatte Lust auf meine Frau, ich wollte sie an meiner Energie teilhaben lassen. Ich wäre am liebsten mit ihr Fahrrad gefahren oder hätte mit ihr Sex gehabt. Aber so, wie sie mich empfing, war alles gleich aus.

4. Den Mann in seiner Mitte finden

So ein Gesicht! Mir war es, als wäre ich direkt durch eine Jauchegrube geschwommen. Meine ganze gute Laune war gleich weg. Furchtbar.
Berater: Wie hätten Sie denn gewollt, dass Ihre Frau auf Sie reagiert?
Mann: Na, ich wollte sie an meiner guten Energie teilhaben lassen.
Berater: Und wie sollte das aussehen?
Mann: Ich erzähle ihr, wie es mir geht und sie freut sich mit mir.
Berater: «Warum soll sie sich denn mit Ihnen freuen?
Mann: Na, das wäre eine Bestätigung für mich. Als Kind ging es mir so, dass ich mit guter Laune nach Hause kam und dass dies keinen interessiert hat. Und genau so erging es mir letztes Wochenende.
Berater: Aber daran wird doch deutlich, dass Sie Ihre Frau nicht an Ihrer guten Energie teilhaben lassen wollten, sondern dass es Ihnen um Ihre Bestätigung ging. Sie tun so, als wollen Sie etwas geben, aber in Wirklichkeit wollen Sie etwas haben.
Als Kind sind Sie darauf angewiesen, dass Ihnen Ihre Lebendigkeit bestätigt wird. Als erwachsener Mann hingegen müssen Sie sich ihre Lebendigkeit selbst bestätigen. Es ist doch schön, wenn es Ihnen gut geht. Das sollten Sie sich von niemandem nehmen lassen. Und wenn Ihre Frau schlechte Laune hat, dann ist das ihre Geschichte.
Wenn Sie wirklich voll guter Energie sind, dann können Sie ja etwas davon abgeben. Sie könnten zum Beispiel Ihrer Frau anbieten, ihr mal eine halbe Stunde zuzuhören, für sie da zu sein. Aber natürlich nur, wenn Sie und ihre Partnerin das wirklich wollen. Ansonsten müssen Sie sich eben abgrenzen. Wenn zwei Menschen unterschiedliche Erlebnisse hinter sich haben, dann passt das sehr oft nicht zusammen. Dann sollte man sich lieber aus dem Weg gehen.

Bezeichnend an dem geschilderten Erlebnis ist, dass der Mann seiner Frau scheinbar etwas Gutes tun will. Er möchte sie an seiner guten Laune teilhaben lassen. Doch im Grunde macht er genau das Gegenteil. Er möchte von ihr Bestätigung und

Zuwendung. Dass sie ihm diese nicht gibt, ist völlig legitim. Das Problem ist auch nicht, dass beide unterschiedlicher Stimmungen sind, sondern dass der Mann die seine unbedingt mit der Frau teilen möchte. So etwas kann gut gehen, muss es aber nicht. Männliches Verhalten bedeutet in dieser Situation, Sorge für sich zu tragen, die eigene gute Laune zu schützen und keinesfalls den anderen mit hineinziehen wollen. In einer Beziehung eigenständig zu sein, ist viel schwieriger zu bewerkstelligen und erfordert viel mehr Manneskraft, denn als Cowboy einsam durch die Prärie zu reiten. Männliches Verhalten zeichnet sich demnach drittens dadurch aus, eigenständig zu bleiben, auch wenn der Preis dafür vielleicht zumindest vorübergehendes Alleinsein ist.

Aus einer Beratung:
Mann: Meine Schwester kommt Pfingsten zu mir nach Leipzig. Sie wohnt in München und ich freue mich auf sie. Sie ist jünger als ich und ich habe früher oft versucht, sie vor dem Schlimmsten zu bewahren. Ich habe sie vor den Eltern in Schutz genommen oder ihr Ratschläge gegeben.
Jetzt kommt sie zum ersten Mal allein zu mir, sie will auch ihre Tochter mitbringen. Es gab in den letzten Jahren immer wieder Probleme mit ihrem Freund, der auch der Vater der Tochter ist. Der nimmt sie aus, hat schon Geld von ihr geklaut. Geschlagen hat er sie vermutlich auch schon. Schon oft wollte sie sich von ihm losreißen, hat ihn aus ihrer Wohnung geworfen. Aber sie ist schwach und lässt ihn dann doch wieder herein. Sie beschwert sich oft bei mir über ihn, und wenn ich sage, dass sie ihn zum Teufel jagen soll, dann gibt sie mir recht. Sie findet es selbst schlimm, dass sie keine endgültige Konsequenz zieht, obwohl sie vom Verstand her weiß, dass es dafür längst höchste Zeit ist.
Ich finde ihn unerträglich und will ihn eigentlich gar nicht mehr sehen. Ich hatte ihr schon vor zwei Jahren gesagt, dass ich nur zu ihr nach

4. Den Mann in seiner Mitte finden

München komme, wenn er nicht da ist. Sie hat mir das auch zugesichert. Doch dann, als ich in München bei ihr war, gab es irgendeinen Grund, dass er doch wieder auftauchte. Und da habe ich ihn wieder erlebt und bin in meiner Ablehnung bestätigt worden.
Nun kommt sie erstmals zu mir nach Leipzig. Sie war ganz stolz auf sich, weil sie die große Entfernung allein zurücklegen will. Doch ich hatte von Anfang an so ein komisches Gefühl. Ich hatte eigentlich keinen Anlass dazu, aber ich traute dem Frieden irgendwie nicht. Trotzdem habe ich mich sehr auf sie gefreut.
Gestern aber rief sie mich an und sagte mir, dass sie schlimme Tage hinter sich habe. Ihre Tochter wird in der Nacht mehrfach munter und schreit. Sie gibt ihr dann die Brust. Das ist alles okay, aber sie schläft wenig. Und da wird ihr die Fahrt von München nach Leipzig zu viel. Deshalb hat ihr Freund ihr jetzt angeboten, sie zu fahren, und sie hat das Angebot dankend angenommen. Ich habe ihr am Telefon schon gesagt, dass ich keine Lust habe, ihn zu sehen, und auch das hat sie mir nun schon zugesagt. Sie haben sich ein Hotelzimmer genommen und sie will sich dann nur mit mir treffen. Aber ich bin irgendwie misstrauisch. Ich denke, dass wir ihm dann vielleicht in der Stadt «zufällig» begegnen oder so etwas. Am liebsten hätte ich den Besuch abgesagt. Aber ich freue mich doch auf meine Schwester und möchte sie gern sehen. Wir wohnen so weit voneinander entfernt. Trotzdem weiß ich nicht, ob es richtig ist, sie zu treffen. Ich habe so ein Gefühl, dass das nicht gut ausgehen wird.

Männlichkeit kann in dieser Situation nur bedeuten, Konsequenz an den Tag zu legen. Es ist dringend notwendig, dass dieser Mann auf seine Gefühle achtet und sich nicht auf die «Spiele» seiner Schwester einlässt. Nur, indem er die Situation und seine eigenen Empfindungen ernst nimmt, wird es ihm möglich sein, der Beziehung zu seiner Schwester eine Chance zu geben. Gerade die Liebe zu ihr sollte ihn dazu bringen, konsequent zu sein und auf die alte Abmachung zu bestehen, dass sie nur ohne ihren Freund oder gar nicht zu ihm nach Leipzig kommt. Natürlich kann er mit dieser Bedingung seine Schwester auch verlieren. Doch wenn er wieder und wieder nachgibt, verliert er die Achtung vor ihr und vor sich selbst. Interessant ist dieses Beispiel, weil er sich von seiner Schwester eine Konsequenz wünscht, die er nun selbst aufbieten muss. Männliches Verhalten bedeutet demnach viertens, dort, wo es notwendig ist, konsequent zu sein.

Ich habe drei Beispiele vorgestellt und daraus vier Punkte männlichen Verhaltens abgeleitet. Diese vier Punkte sind als Differenzierung der am Ende des zweiten Kapitels genannten zwei Merkmale eigenständiger Männlichkeit zu sehen. Sie machen zugleich den Ernst der Situation deutlich. Es geht nicht um abstrakte Beschreibungen von Männlichkeit, sondern um ganz konkretes Verhalten im Alltag. Natürlich gibt es immer mal wieder ganz grundsätzliche Probleme, zu denen ein Mann Position beziehen sollte. Aber Männlichkeit erweist sich vor allem im Alltag, im Selbstverständlichen und im Kleinen. Diesen Alltag gilt es zuallererst zu verstehen und ernst zu nehmen.

Auch hier lässt sich die bereits am Ende des zweiten Kapitels aufgeworfene Frage stellen: Was ist an den beschriebenen Verhaltensweisen eigentlich spezifisch männlich? Denn die vier Punkte können so oder zumindest ähnlich auch für die Verwirklichung von Weiblichkeit gelten:

- Das eigene Leben ernst nehmen und sich nicht vorschnell mit einer Lösung zufriedengeben.
- Die eigene Position vertreten und auf dieser Grundlage das Miteinander aushandeln.

4. Den Mann in seiner Mitte finden

- Eigenständig bleiben, auch wenn dies unangenehme Folgen nach sich ziehen kann.
- Dort, wo es notwendig ist, konsequent bleiben.

Der Unterschied zwischen männlichem und weiblichem Verhalten besteht jedoch darin, dass es geschlechtsspezifische Ausgangspositionen für die Umsetzung der genannten Punkte gibt. Sicher hätten einige Beispiele auch von einer Frau handeln können, andere hingegen nicht. Die Versuche der Umsetzung eigener Interessen sind oftmals verschieden, die Grenzen dessen, was auszuhalten ist, verlaufen für Frauen und Männer häufig anders, sie haben mit anderen Impulsen zu kämpfen. So sind Männer viel eher bereit, sich mit dem Vorhandenen zufriedenzugeben. Sie wollen zumeist weniger ihre Frau verändern als vielmehr in Ruhe gelassen werden. Sie sind dann auch schneller bereit, dafür unheilvolle Kompromisse einzugehen.

Die Ursache dieser unterschiedlichen Konstellation bei Frauen und Männern habe ich im Abschnitt zur geschlechtsspezifischen Sozialisation beschrieben. Für Männer ist nicht die Identifikation mit der Mutter und mit ihrer Unzufriedenheit das Problem, sondern das Bedrängtwerden. Deshalb ist es für Männer ein wichtiger Lernprozess, die eigenen Bedürfnisse zu verstehen, sie zu vertreten und dabei auch unangenehme Konsequenzen zu tragen. Sosehr diese vier Punkte also dem Grundsatz nach auch für Frauen gelten, so wichtig ist es doch, ihre geschlechtsspezifische Umsetzung in den Blick zu nehmen. Dies bedeutet keineswegs, dass es einer Seite besser oder schlechter geht. Fatal an der derzeitigen Geschlechterdiskussion ist ja gerade, dass die eigene Not als der Gewinn der anderen Seite verbucht wird, und umgekehrt. Das muss aufhören.

Vaterkraft

Über diese Grundlagen hinaus, hinsichtlich derer sich Frauen und Männer weniger dem Entwicklungsziel nach als mehr in dessen konkreter Ausgestaltung unterscheiden, gibt es aber auch wesentliche Merkmale, die spezifisch männlich sind und deren Integration in ein positives Bild von Männlichkeit von zentraler Bedeutung ist. Dies gilt für den Einzelnen, mehr aber noch für die Gesellschaft als Ganzes.

Auch hier ist Männlichkeit nicht als Widerpart einer wie auch immer verstandenen Weiblichkeit zu sehen, womit das Gegeneinander der Geschlechter fortgesetzt würde. Es geht vielmehr um die Anerkennung von Verschiedenheit bei gleichzeitiger Bezogenheit. Männlichkeit wird zur Karikatur ihrer selbst, wenn sie sich als der Weiblichkeit überlegen stilisiert. Und das gilt natürlich auch umgekehrt.

Die Alternative zum Gegeneinander ist jedoch nicht die Negierung von Unterschieden, sondern gerade ihr Erkennen und ihre Würdigung. Wenn es neben der Fortpflanzung auch einen sozialen Sinn gibt, dass es Frauen *und* Männer gibt, dann kann dieser nur in einer aufeinander bezogenen Verschiedenheit liegen. Es gilt demnach beides zu beschreiben: die Verschiedenheit und die Art und Weise, wie diese auf das jeweils andere Geschlecht bezogen ist, also dessen Eigenständigkeit ergänzt.

Ausgangspunkt meiner Überlegungen zur Spezifik männlicher Identität sollen die Ausführungen zur väterlichen Aufgabe in der frühen kindlichen Entwicklung sein. Ich hatte dargestellt, dass Kinder zunächst in einer symbiotischen Beziehung mit der Mutter leben. Ein Kind ist im Mutterleib nicht ohne die Mutter lebensfähig. Dieser Raum existentieller Einheit

4. Den Mann in seiner Mitte finden

muss durch die Geburt verlassen werden. Doch auch wenn sich damit die Abhängigkeit von der Mutter ein wenig lockert, besitzt diese weiterhin eine herausgehobene, exklusive Stellung für das Kind. Die weitere Lockerung der Mutter-Kind-Beziehung vollzieht sich dann durch das Hinzutreten des Vaters.

Wir können auf dieser biologischen Grundlage ein geschlechtsspezifisches Verhalten der Eltern in der frühen Entwicklung ihrer Kinder beschreiben. Während die mütterliche Aufgabe in erster Linie darin besteht, Raum, Schutz, Geborgenheit und Nahrung zu geben, ist es die Aufgabe des Vaters, die Neugier, die Eigenständigkeit, die Veränderungslust zu fördern. Dem Mutterraum steht somit eine Vaterkraft entgegen. Wobei «entgegen» nicht heißt, dass Streit und Kampf vorgegeben sind. Vielmehr sind Mutterraum und Vaterkraft gleichermaßen notwendig und aufeinander bezogen. Die Aufgabe besteht darin, das mütterliche und das väterliche Prinzip in der für die jeweilige Entwicklungsphase des Kindes richtigen Dosierung wirken zu lassen.

Auf der Grundlage dieses Verständnisses lässt sich die Entwicklung eines Kindes bis zum Erwachsensein beschreiben: Ein Kind lebt in einem «Mutterraum», in dem es die für den gerade bestehenden Entwicklungsstand notwendige Geborgenheit und Sicherheit erfährt und sich auch die dazugehörige Welt aneignet. Nach und nach wird dieser Raum jedoch zu eng, es drängt auf Erweiterung seiner Kreise. Dann schlägt die allmähliche Veränderung in eine neue Qualität um. Das Kind muss jetzt einen Übergang bewältigen und sich damit einen neuen «Raum» aneignen. Diese Übergänge erlebt ein Kind ambivalent. Es «streiten» in ihm Veränderungslust und Veränderungswiderstand miteinander und beide sind wichtig. Während Veränderungswiderstand auch ein Schutz vor zu schneller

Vaterkraft

Entwicklung sein kann, drängt die wachsende Veränderungslust vorwärts. Letztlich muss das Kind an den Punkt kommen, an dem es den Übergang vollzieht. Dies erfordert Kraft und Sicherheit, die in der frühen Kindheit, oft aber selbst noch in der späteren Entwicklung der Unterstützung von Außen bedarf. Das ist Vaterkraft.

Solche Übergänge sind in der kindlichen Entwicklung zahlreich, und sie sind von unterschiedlicher Intensität. Ein Kind fängt an zu krabbeln, es lernt laufen. Ein Kind lernt allein zu schlafen, es geht in den Kindergarten, dann in die Schule und so fort. Die Übergänge mögen für einen Erwachsenen manchmal wenig bedeutsam erscheinen, aber sie sind für die kindliche Entwicklung jeweils ein großer Schritt. Und für all diese Übergänge braucht ein Kind Kraft und Bestätigung, also Vaterkraft.

Es ist möglich, dass Kindern Übergänge vor der Zeit aufgezwungen und sie dadurch zu früh aus dem entwicklungsgemäßen Mutterraum herausgetrieben werden. Umgekehrt kann es aber auch an Vaterkraft mangeln. Dann werden einem Kind wichtige Übergänge länger als notwendig erspart. Oder ein Kind muss die Übergänge ohne ausreichende Kraft (innere Befähigung oder äußere Unterstützung) halbherzig vollziehen. Letzteres ist öfter in der späteren Kindheit, vor allem beim Übergang vom Kind- zum Erwachsensein der Fall. Die Berichte von «erwachsenen» Menschen, die weiterhin die elterliche Versorgung in Anspruch nehmen, also den kindlichen Mutterraum nicht verlassen wollen (Stichwort «Hotel Mama»), sprechen eine eindeutige Sprache. Oder Jugendliche begeben sich aus der elterlichen Familie schnell in eine feste Partnerschaft, in der sie dann ähnliche Erwartungen haben, versorgt zu werden, wie in der Kinderzeit. Diesen Kindern fehlt es bei der Verwirklichung der Entwicklungsaufgabe, den Schritt ins

4. Den Mann in seiner Mitte finden

Erwachsensein zu tun, an Vaterkraft. Sie scheuen davor zurück, eigenständig zu werden. Ein wesentliches Merkmal guter Männlichkeit ist demnach, den Kindern diese Vaterkraft zur Verfügung zu stellen.

> **Aus einer Beratung mit einem Studenten:**
> **Beraterin:** Wenn Sie darüber klagen, dass Sie sich zu Hause gegängelt fühlen und die anderen Studenten um ihre Freiheiten beneiden, dann müssen Sie ausziehen. Sie dürfen das, es ist Ihr Recht.
> **Student:** Aber das kann ich meiner Mutter nicht antun.

Die Meinung dieses Studenten, seiner Mutter nicht zumuten zu können, dass er von zu Hause wegzieht, hat eventuell mit finanziellem Druck zu tun, dem sich die Eltern ausgesetzt fühlen und den sie an ihr Kind weitergeben. Zumeist aber liegt es daran, dass sich vor allem Mütter schwer damit tun, ihr Kind loszulassen und das dadurch entstehende «leere Nest» auszuhalten. Dass es diesem Studenten schwerfällt, sein Bedürfnis durchzusetzen, ist verständlich. Er braucht fast zwangsläufig Unterstützung. In diesem Beispiel bemüht sich die Beraterin, sie ihm zu geben. Aber eigentlich ist hier der Vater gefragt. Er muss seinem Sohn sagen, dass er nicht dafür verantwortlich ist, wie sehr seine Mutter unter seinem Auszug leidet. Denn die Frage ist doch nicht, ob der Sohn es seiner Mutter antun darf, dass er auszieht, sondern was seine Mutter ihm antut, wenn sie ihn am Auszug hindert. Dieses Zurechtrücken der Maßstäbe, verbunden mit der Unterstützung in der eigenen Entwicklungsnotwendigkeit, ist eine wichtige Aufgabe des Vaters. Hier ist seine ganz eigene Kraft gefragt.

Natürlich können auch Mütter ihren Kindern bei solchen Entwicklungsaufgaben helfen, und vermutlich gibt es sehr vie-

Vaterkraft

le Väter, die ihre Kinder dabei behindern. Doch auch jenseits der frühen Kindesentwicklung, in der die Grenzen zwischen Mutter und Vater schon biologisch strikter gezogen sind, lassen sich zwischen Mutter und Vater immer wieder unterschiedliche Akzentsetzungen zu erkennen. Mütter sind auch in späteren Jahren zumeist stärker mit ihren Kindern verbunden. Ihnen fällt das Loslassen oft schwerer. Väter hingegen sind im Allgemeinen eher bereit, ihren Kindern etwas zuzumuten und ihnen so auch den manchmal notwendigen Stoß zu geben.

> **Aus einem Workshop für pädagogische Mitarbeiter:**
> Ein Lehrausbilder schildert seine Situation: Er bildet in einem Ausbildungswerk zumeist männliche Lehrlinge zwischen 16 und 21 Jahren aus. Die Auszubildenden haben häufig problematische Elternhäuser und so wird er in seinem Engagement nicht selten zu einer Art Vaterersatz.
> Einen Lehrling mag er besonders. Er ist schlau, lernt schnell und ist umsichtig. Der Lehrausbilder möchte gern, dass dieser Auszubildende sein Potenzial noch besser nutzen kann. Er weiß, wenn dieser junge Mann die Lehre packt und Boden unter die Füße bekommt, kann er richtig gut in seinem Fach werden.
> Als der Jugendliche aufgrund privater Schwierigkeiten immer wieder der Arbeit fern bleibt, investiert der Lehrausbilder noch mehr an Aufmerksamkeit und Anleitung. Er wendet sich ihm verstärkt zu, fordert aber auch sein Engagement.
> All das trägt keine Früchte. Der Jugendliche absolviert seine Lehre nur halbherzig, er fehlt oft. Wenn er da ist, arbeitet er aber ganz gut mit. Eigentlich müsste er wegen der vielen Fehlzeiten längst seinen Ausbildungsplatz verlieren. Der Lehrausbilder droht auch damit, dass er ihn rausschmeißt. Aber der Lehrling kümmert sich nicht um diese Drohungen, zumal ihm nicht wirklich etwas passieren kann. Da die Ausbildung vom Arbeitsamt finanziert wird und das Geld nur fließt, wenn

4. Den Mann in seiner Mitte finden

eine bestimmte Anzahl von Jugendlichen die Ausbildung abschließen, kann das Ausbildungswerk es sich nicht leisten, noch jemanden vor die Tür zu setzen.

Der Lehrausbilder ist hilflos. Er mag den Jugendlichen und möchte ihm gern einen guten Start ins Berufsleben ermöglichen. Aber er weiß nicht, was er noch tun kann.

Die Workshopgruppe reagiert auf seine Schilderung zunächst mit weiteren Tipps. Keiner möchte den Jugendlichen fallen lassen. Es wird aber auch die Ohnmacht des Lehrausbilders thematisiert, dass er kein richtiges Sanktionsmittel hat.

In dem Maße, in dem die Workshopgruppe immer mehr Ideen und Vorschläge erarbeitet, wächst auch die Erkenntnis, dass es für den Lehrausbilder letztlich keine andere sinnvolle Reaktionsmöglichkeit auf diese Situation gibt als zu erkennen, dass er nichts mehr für den Jugendlichen tun kann. Er muss ihm sagen: «Rechne nicht mehr mit mir.» Und er muss diese Aussage konsequent umsetzen.

Dieses Beispiel zeigt, dass Vaterkraft in manchen Situationen nicht nur Annahme und Verständnis, sondern auch Härte beinhalten kann und muss. Nichtsdestotrotz zeigt sich in guter Vaterkraft und so auch in diesem Beispiel Liebe. Es ist jedoch eine Liebe, die sich nicht nur darauf versteht, großzügig und verständnisvoll zu sein. Es ist eine Liebe, die fordert.

Einmal mehr geht es hier nicht darum, die eine Haltung gegen die andere auszuspielen. Auch der Lehrausbilder hat Verständnis, ist zugewandt und er bietet Möglichkeiten. Dabei fordert er zwar, hält Forderungen und Angebote aber im Gleichgewicht. Erst als das alles nicht hilft, muss er loslassen. Auch jetzt ist nicht garantiert, dass der Lehrling die Eigenverantwortung, in die er nun kompromisslos «entlassen» ist, positiv nutzt. Es kann sein, dass er die Lehre endgültig schmeißt

Vaterkraft

und – nach Ansicht des Lehrmeisters – viel zu wenig aus seinem Leben macht. Jetzt aber ist dies seine eigene Entscheidung. Die Verantwortung wird ihm nicht länger abgenommen, er wird in seinem Erwachsensein ernst genommen. Um dieser Haltung jedoch treu zu bleiben, benötigt der Lehrmeister ein hohes Maß an männlicher Energie.

Wir leben in einer Gesellschaft, in der diese Form von Männlichkeit wenig gefragt ist und oft entwertet wird. Dabei ist sie genauso wichtig wie Fürsorge, Verständnis und Annahme. In unserem Beispiel wird dies in Anbetracht der institutionellen Strukturen deutlich. Dem Ausbildungsbetrieb wurden selbstverständliche Sanktionsmechanismen genommen, weil er eine bestimmte Zahl von Lehrlingen zum Abschluss bringen muss, um vom Arbeitsamt das Geld für die Ausbildung zu erhalten. Damit wird zwar ein Lehrabschluss möglichst vieler Jugendlicher angestrebt, aber im Grunde eine positive Entwicklung verhindert. Was mag denn in den betreffenden Jugendlichen vor sich gehen, die nur aufgrund von «Gnade» einen Lehrabschluss erhalten, aber nicht, weil sie ihn sich erarbeitet haben. Ein Übermaß an gewährendem Mutterraum kann schnell dazu führen, dass heranwachsenden Kindern zu wenig zugetraut wird.

Auch die Berichte über die zunehmende Inanspruchnahme des «Hotel Mama» zeigen, dass hier einiges im Ungleichgewicht ist. So lebt jeder vierte Sohn noch als 29-Jähriger bei seinen Eltern. Offensichtlich sind Schwierigkeiten unter Eltern und Pädagogen, väterlich-fordernd zu sein, weit verbreitet. Oft werden dafür die äußeren Umstände verantwortlich gemacht. Doch das Beispiel des Lehrmeisters zeigt, dass die Entschuldigung: «Die anderen lassen nicht zu, dass ich mich in einer guten Weise väterlich zeige» eine Ausrede ist. Vielmehr

4. Den Mann in seiner Mitte finden

bedeutet Vaterkraft, sich auch angesichts widriger Umstände treu zu bleiben und das zu tun, was man als für sich richtig erkannt hat. Das kann die Bereitschaft verlangen, gegebenenfalls unangenehme Folgen zu tragen. Diese lagen für den Lehrmeister nicht in irgendwelchen arbeitsrechtlichen Problemen, die er durch seine Haltung hätte bekommen können, sondern im inneren Prozess des Loslassens. Die Workshopteilnehmer spürten sofort den «heiligen Ernst» dieser Situation, aber auch die Stärke, die von dem Mann gefordert ist.

Eine positive männliche Identität beinhaltet also auch das fordernde Auftreten gegenüber den eigenen Kindern und mutet ihnen Eigenständigkeit und Eigenverantwortung zu. Sosehr auch die Mütter gefordert sind, wenn es darum geht, die Kinder in ein gutes erwachsenes Leben zu führen, so verschieden sind hier doch die Akzentsetzungen, die aus der unterschiedlichen Ausgangslage von Müttern und Vätern resultieren. Die Mutter-Kind-Beziehung ist in ihrer Exklusivität stärker auf das Bewahren angelegt. Die Beziehung der Väter zu ihren Kindern hingegen zeichnet sich dadurch aus, dass sie erst erarbeitet und gestaltet werden muss. Fordern und Hinausführen aus dem Gewohnten sind für diese Beziehung konstitutiv.

Diese Verschiedenheit ist ernst zu nehmen und nicht durch die Egalisierung elterlicher Aufgaben zu negieren. Die gesellschaftliche Diskussion um eine stärkere Beteiligung der Väter an der Kindererziehung ist unter diesen Gesichtspunkten unbedingt in eine Diskussion der spezifisch väterlichen Aufgaben zu transformieren. Es ist nicht gut, wenn allein Frauen definieren, was Kindererziehung bedeutet, und dann die Forderung an die Männer gerichtet wird, sie sollten genau das in die Tat umsetzen. Vielmehr kommt es darauf an, sich Klarheit darüber zu verschaffen, was an Mütterlichkeit und was an Väterlichkeit für Kinder wichtig ist und wie sich dies gemeinsam umsetzen lässt. Hier sind die Männer gefordert, sich stärker als bisher in die Diskussion einzubringen und sich nicht auf Defensivgefechte zu beschränken.

Nur in einer gemeinsamen Umsetzung mütterlicher und väterlicher «Anteile» kann es gelingen, Kinder gut zu beeltern. Mütter und Väter sind gleichermaßen wichtig. Alleinerziehende Mütter und Väter überfordern sich, wenn sie meinen, diese Balance allein herstellen zu können. Alleinerziehende Elternschaft mag oft genug notwendig sein und sich nicht einfach ändern lassen. Aber im Interesse der Kinder sollte sie nicht mit dem Glorienschein der Vollkommenheit ummantelt werden. Näher besehen versteckt sich hinter solchen beschönigenden Äußerungen eine Entwertung von Väterlichkeit, die in unserer Gesellschaft ungefragt hingenommen wird.

Soziale Anforderungen bedingen biologische Unterschiede

Schauen wir auf die Fundierung von Vaterkraft, so ist sie körperlich, aber auch biologisch-sozial verankert. Körperlich findet sie ihre Grundlage im höheren Testosteronspiegel der Männer. Es ist mittlerweile unstrittig, dass damit Eigenschaften wie Aggressivität und Risikobereitschaft gefördert werden. Allerdings bedeutet das nicht, dass es sich um zwangsweise ausufernde Formen handelt. Ich habe bereits darauf hingewiesen, dass *aggredere* erst einmal nur «Herangehen» heißt – und genau diese Form «aggressiven» Handelns ist auch bei der Vaterkraft gefragt. Die beschriebenen väterlichen Aufgaben, wie das Herausführen der Kinder aus «Mutterräumen» oder die Konfrontation der Kinder mit angemessenen Forderungen

4. Den Mann in seiner Mitte finden

erfordern ein gutes Maß an Aggressivität und Bereitschaft zur Konsequenz. Schon deswegen ist es unverständlich, wieso Sozialwissenschaftler der Meinung sind, dass entweder die Biologie nicht wichtig sei oder sie den sozialen Anforderungen entgegensteht.

Doch auch die Versorgermentalität der Väter ist ernst zu nehmen. Zwar wird bei der Geburt des ersten Kindes oftmals eine «Traditionalisierung der Partnerschaft» beklagt. Ist in der Phase ohne Kind die Hausarbeit zwischen beiden Partnern oft noch gerecht verteilt, ist mit Geburt des ersten Kindes eine Verschiebung festzustellen. Während Frauen dann mehr im Haushalt machen müssen, engagieren sich Männer verstärkt in ihrem Beruf. Selbst die geleisteten Überstunden nehmen durchschnittlich zu. Jedoch können drei Ursachen für dieses Phänomen verantwortlich sein.

Erstens – und diese Ursache wird zumeist als einzige unterstellt – verstecken sich die Männer aus Angst vor der Belastung, die ein Kind natürlich bedeutet, hinter ihrer Arbeit. Zweitens wurde aber auch festgestellt, dass das Beziehungsbedürfnis der Mütter durch das innige Verhältnis zum Kind weitgehend gestillt ist und sie deshalb die Väter beiseite drängen bzw. die Beziehung des Vaters zum Kind steuern. Drittens aber sehen sich die Männer durch die Geburt eines Kindes in einer stärkeren Versorgungsverantwortung und arbeiten deshalb mehr.

Vermutlich stecken hinter dem Phänomen der sogenannten Traditionalisierung von Partnerschaft zumeist alle drei Gründe. Auch in diesem Fall zeigt sich jedoch, dass einseitige Schuldzuweisungen an die Männer fehl am Platz sind. Ein Ausweg aus diesem Dilemma lässt sich nur partnerschaftlich, unter Berücksichtigung der unterschiedlichen Aufgaben von Müttern und Vätern finden. Das Bedürfnis, Frau und Kinder gut zu versorgen, ist in unserer Gesellschaft in mancher Hinsicht vielleicht nicht mehr so relevant. Aber einfach negieren lässt sich diese biologisch-soziale Verhaltensdisposition nicht.

Den notwendigen väterlichen Aufgaben stehen nicht biologische Dispositionen, sondern gesellschaftlich-kulturelle Entwicklungen entgegen. Zum einen die Negierung spezifisch väterlicher Aufgaben durch die Gesellschaft und die oft anzutreffende Abwertung von Vaterkraft. Dann aber auch die fortbestehende Außenorientierung der Männer, die sich damit begnügen zu tun, was von ihnen gefordert wird. Die Ursachen hierfür, deren Fokus letztlich eine unaufgelöste Mutterbindung ist, habe ich dargelegt. Sie lassen auch im erwachsenen Alter wenig Aggression im guten Sinne zu.

Männliche Körperlichkeit

Neben der Vaterkraft als essentiellem Bestandteil guter Männlichkeit ergeben sich aus den biologischen Voraussetzungen weitere Merkmale, die in ihrer Akzentuierung als spezifisch männlich anzusehen sind. Sie sind gekennzeichnet durch eine Kraft der Neugier, der Entdeckung, des Verstehenwollens, der Eroberung neuer Räume. Männern fehlt die selbstverständlich bestehende Beziehung zu ihrem Kind. Deshalb sind sie fordernd und konsequent.

Natürlich wollen diese Beschreibungen wieder keine von der Weiblichkeit eindeutig abgegrenzte Entität bezeichnen. Es geht auch nicht um ein Entweder-Oder. Aber es geht um eine Akzentsetzung, um eine Richtung, die sich aus dem spezifisch männlich-körperlichen Erleben, aber auch aus den mit dem Mannsein verbundenen biologisch-sozialen Aufgaben ergibt.

4. Den Mann in seiner Mitte finden

Männer haben durch ihre spezifisch männliche Körperlichkeit einen eigenen Erfahrungshintergrund, der sich von dem der Frauen unterscheidet und eine eigene Lebenssicht und Lebenshaltung bewirkt. Dies gilt es zu erkennen, anzuerkennen und zu fördern.

Damit ist nicht gemeint, was innerhalb der Geschlechterforschung als «gesellschaftliche Konstruktion» beschrieben wird. Denn dieser spezifisch männliche Erfahrungshintergrund ist biologisch fundiert. Er wurzelt in hormonellen wie in anatomischen Unterschieden. Gesellschaftliche Konstruktion baut auf diesem Erfahrungshintergrund auf oder sollte es zumindest. Da wir Menschen kulturelle Wesen sind, muss die Geschlechtlichkeit natürlich kulturell geformt und realisiert werden. In diesem Sinne kann es gar nicht ohne gesellschaftliche Konstruktion von Weiblichkeit und Männlichkeit gehen. Die Frage ist aber, wie sehr diese Formung mit der oder gegen die biologische Fundierung arbeitet. Die Wirkungsmacht von Kultur und Gesellschaft ist so groß, dass eine weitgehende Entfremdung von den biologischen Wurzeln möglich ist. Die Vertreter des Konstruktivismus, die einer «Dekonstruktion von Geschlecht» das Wort reden, versuchen dieses Experiment gerade auf die Spitze zu treiben.

Die Ursachen dieser wie anderer Tendenzen zur Entfremdung von der eigenen, biologisch fundierten Geschlechtsidentität sind individuell in der frühkindlichen Lebensphase zu verorten. Sie sind aber ebenfalls überindividuell, also in der Gesellschaft verankert. Insofern ist die Zielvorgabe einer «Dekonstruktion von Geschlecht» mit ihrer radikalen Negation biologischer Gegebenheiten ein Musterbeispiel konstruierender Entfremdung, die gesellschaftliche Tatsachen zu schaffen

Männliche Körperlichkeit

versucht und damit zugleich bis in die Kinderzimmer wirken möchte.

Der spezifische Erfahrungshorizont von Männern ist durch ihren Körper und ihre biologisch-sozialen Aufgaben bestimmt. Darunter sind, wie beschrieben, die väterlichen Anforderungen zu verstehen. Diese reichen jedoch über die eigentliche Kindererziehung hinaus. Ich hatte das mit dem Begriff «Vaterkraft» beschrieben, die auch im erwachsenen Leben eine wichtige Rolle spielt und in der Gesellschaft eine zentrale Rolle spielen sollte.

Darüber hinaus ist der Männerkörper aber auch durch eine größere Kraft und durch nach außen gerichtete Sexualorgane geprägt. Richard Rohr beschreibt dies in seinem Buch *Der wilde Mann*[29] damit, dass Männer aufs «Aussäen» ausgerichtet sind, dass sie in und für die Welt schaffen wollen und darüber eine Bestätigung ihres Mannseins finden. Er ging dabei vom Sexualakt aus, in dem dies besonders deutlich wird. Rohr bezog das tief im Mannsein verwurzelte Bedürfnis des Säens jedoch ausdrücklich auf alle Bereiche des Lebens. Männlichkeit bedeutet, schöpferisch sein und die Welt gestalten zu wollen. Es bedeutet auch, die Dinge erkennen zu wollen. Die Neugier, das Begreifenwollen, das Schöpferischsein ist bei Männern stärker als bei Frauen nach außen gerichtet. Männer setzen sich zur Welt in Beziehung.

Dies ist jedoch keinesfalls damit gleichzusetzen, was innerhalb der Sozialwissenschaften als «männliche Externalität» beschrieben wird. Hier geht es um Selbstvergessenheit, darum, sich nicht zu spüren, den eigenen Körper nicht zu beachten, die Maßstäbe des eigenen Verhaltens im Außen und in externen Aufträgen zu suchen. Die selbstverständliche Außenorientierung als männliches Wesensmerkmal hat ihren Ausgangspunkt hingegen im eigenen Wollen, in der eigenen Verwirklichung, im eigenen Körper. Männer sind in ihrer biologischen Fundierung nicht körpervergessen. Wie wenig sie es sind, zeigt sich am allgemein großen männlichen Interesse an Sexualität. Diese ist ein unmittelbarer körperlicher Akt und ein emotionales Geschehen. Schon deswegen ist es Unsinn, Männern einseitig Rationalität und Gefühllosigkeit vorzuwerfen. Das Problem ist vielmehr, dass die Sexualität eine der wenigen Refugien ist, in denen Männer sich noch unmittelbar als Männer artikulieren können.

Auch das wiederum hat seinen Grund in der geschlechtsspezifischen Sozialisation. Bis zur Pubertät müssen sich Jungen körperlich abgrenzen. Insbesondere wenn der Vater in keiner guten Weise für den Jungen da ist, muss dieser die Vereinnahmung durch die Mutter befürchten. Das führt zum Abgrenzungsbedürfnis. Dieses gelingt zumeist nicht emotional, aber doch körperlich. Das angeführte Beispiel des Missbrauchs eines Jungen durch die Mutter als ihren Intimus ist bezeichnend. Ein Junge, auf den die Mutter derart zugreift, muss sich abgrenzen. Zwar mag dieses Beispiel in seiner Deutlichkeit nicht repräsentativ erscheinen. Aber die Richtung, in die es weist, kennzeichnet viele Mutter-Sohn-Beziehungen. Die nicht aufgelöste Mutterbindung, die zwangsläufig vereinnahmend wirkt, ist repräsentativ.

Ab der Pubertät nun entwickelt sich die Chance, diese Körperferne durch Sexualität zu überwinden. Damit gewinnt sie zugleich eine Bedeutung, die über die eigentliche sexuelle Begegnung hinausgeht. Es geht zusätzlich um Bestätigung, gerade auch in der eigenen Männlichkeit. Dass diese Bestätigung zumeist bei Frauen gesucht wird, verleiht dem männlichen Erleben der Sexualität eine gewisse Zwiespältigkeit. Doch selbst für

Homosexuelle, die in der sexuellen Begegnung mit and[eren] Männern Bestätigung und Nähe suchen, sieht es nach m[einen] Beratungserfahrungen nicht besser aus. Auch sie sind von ähnlichen frühen Erfahrungen geprägt und suchen sehr oft nicht die sexuelle Begegnung an sich, sondern wollen im häufig anzutreffenden exzessiven Partnerwechsel frühe Gefühle ausleben.

Trotz dieser Überformung der Sexualität durch frühe Defizite und Sehnsüchte bietet sie gerade für Männer eine gute Chance, in Kontakt zu ihrer Körperlichkeit und mithin zu ihrer Männlichkeit zu kommen. Dies schließt natürlich die beschriebene Notwendigkeit vertikaler Differenzierung ein, damit ihre Sexualität nicht allein von regressiven Impulsen beherrscht ist.

Männliche Sexualität ist immer eine Leistung, der Penis muss sich aufrichten. Auch das Eindringenwollen mit dem eigenen Körper in einen anderen ist ein deutlich aggressiverer Akt als die grundlegend aufnehmende Tendenz, die Sexualität für Frauen bedeutet. Das soll nicht heißen, dass nicht auch Frauen beim Sex in guter Weise aggressiv sein können. Auch hier geht es wieder um Tendenzen und Akzente. Die aber sind eindeutig biologisch fundiert. In sexualpädagogischen Workshops habe ich immer wieder erlebt, wie sich Jungen mit diesem Leistungsaspekt beschäftigen. Die Notwendigkeit, «wenn es darauf ankommt, seinen Mann zu stehen», löst gleichermaßen Angst und Lust aus, wenn Jungen an ihr erstes Mal denken. Bei Mädchen sind Leistungsgedanken nachrangiger.

Unsere Gesellschaft bewertet die spezifisch männliche Seite von Sexualität – Aggressivität im Sinne des Nehmens, des Eindringens, des gegenseitigen Benutzens – zumeist negativ. Aufklärungszeitschriften wie etwa *Bravo* betonen vor allem Verständnis, Zärtlichkeit und Einfühlsamkeit. Das sind selbst-

4. Den Mann in seiner Mitte finden

verständlich wichtige Aspekte einer guten Sexualität. Es sind aber vor allem die weiblich akzentuierten. Die anderen, ebenso wichtigen Bestandteile, die die aggressiven, kraftvollen Seiten beinhalten, werden in der öffentlichen Diskussion und in der Sexualpädagogik vernachlässigt oder sogar entwertet.

Entsprechend werden Pornofilme pauschal als frauenverachtend beurteilt, und es wird nicht die darin auch enthaltene Botschaft männlicher Sexualität gesehen. Sicher gibt es Beispiele frauenverachtender Pornofilme. Aber im Allgemeinen sind sie nicht einseitiger als die sexualpädagogischen Appelle an das Einfühlungsvermögen, an die Kommunikation und die Zärtlichkeit. Es geht auch hier wieder um ein Miteinander, um einen Ausgleich gegensätzlicher, aber sich ergänzender sexueller Ausdrucksweisen. Ich jedenfalls möchte weder die eine noch die andere Seite missen.

Dies ist natürlich keine Rechtfertigung der zahlreichen problematischen Äußerungen von Sexualität, die bis hin zur Perversion und zum Verbrechen gehen können. Als psychologischer Berater in einer «Beratungsstelle für Aids und sexuell übertragbare Krankheiten» kenne ich die Schattenseiten von Sexualität sehr gut. Gesellschaftlich beobachten lässt sich aber eine eher negative Bewertung der männlichen Seite der Sexualität. Dass sich Männer wie auch Frauen durch ihre Praxis gegen diese «öffentliche Korrektheit» wehren, ist positiv zu beurteilen.

Zur problematischen Seite männlicher Sexualität gehören auch Phänomene, die gesellschaftlich zwar thematisiert werden, die aber in der Art, wie das geschieht, eher Ausdruck verlogener Schwäche sind. So wird von Männern selbst, aber auch in Aufklärungspublikationen der sogenannte vorzeitige Samenerguss als eines der wichtigsten Probleme der Sexualität von Männern dargestellt. Dies führt beispielsweise dazu, dass eine Pharma-

Männliche Körperlichkeit

firma ein Mittel auf den Markt gebracht hat, das den Samenerguss hinauszögern soll. Auch bekannt sind die Techniken, die Masters und Johnson zur «Behebung» dieses Problems entwickelt haben und die noch heute Standard sexualtherapeutischer Interventionen sind. Ein Mann soll dabei kurz vor seinem Samenerguss den Geschlechtsakt unterbrechen und sich auf die Peniswurzel drücken, bis die Erregung nachlässt. So gelingt es ihm, den Samenerguss hinauszuzögern, bis schließlich auch die Partnerin zum Orgasmus gekommen ist.

Dabei muss doch als Erstes gefragt werden, was für wen und warum wie kurz ist. Zu kurz ist der Geschlechtsakt offensichtlich für die Frau. Den Mann belastet dies vor allem, weil er sich, indem er die Frau nicht befriedigt, unzulänglich, sprich nicht männlich genug fühlt. Mannsein heißt in dieser Sicht, der Frau ausreichende Befriedigung zu verschaffen. Genau gegen diese Form von «Männlichkeit» aber richtet sich dieses Buch.

Aus dem Blick gerät dabei, dass es sich beim Geschlechtsakt um ein Beziehungsgeschehen handelt, an dem Mann und Frau gleichermaßen beteiligt sind. Der Sexualtherapeut David Schnarch weist darauf hin, dass es den meisten sexuellen Begegnungen an Kontakt, an Berührtsein fehlt. Männer spüren seiner Erfahrung nach dieses Berührtsein stärker und lassen sie in der Sexualität mehr zu. Dies führt dann auch zu der intensiven Reaktion, die sich im vorzeitigen Samenerguss äußert. Es handelt sich dabei also nicht um ein alleiniges Defizit des Mannes, dem mit Medizin oder Verhaltenstechniken zu begegnen ist, sondern um ein Beziehungsgeschehen, das Frau und Mann gleichermaßen betrifft und Ausdruck ihrer sexuellen Begegnung ist.

Ein anderes Problem männlicher Sexualität ist die Impotenz. Die Zahl der Männer, die zeitweilig oder dauerhaft impotent sind, ist in den letzten Jahrzehnten gestiegen. Die Ursachen für

4. Den Mann in seiner Mitte finden

Impotenz können in anderen körperlichen Erkrankungen, beispielsweise der Diabetes liegen. Oft sind aber seelische Gründe dafür verantwortlich. Gerade temporäre Impotenz hat zumeist mit psychischen Belastungen, vor allem Depressionen zu tun. Mit Blick auf die beschriebene frühe Sozialisation lässt sich eine Depression als nicht aufgelöste, überbordende Mutterbindung verstehen, die es den Mann an Kraft, an vorwärtstreibender Energie fehlen lässt. Impotenz kann daher ihre tiefe Ursache in einer unaufgelösten Mutterbindung haben, die sich im erwachsenen Alter in Zurückhaltung gegenüber den eigenen, innerseelischen Impulsen, gegenüber Beziehungen und somit auch in der Sexualität zeigt. In diesem Sinne muss Impotenz kein Zeichen von Krankheit sein, die es mit allen Mitteln zu bekämpfen gilt. Sie ist dann eher ein Symptom innerseelischer Konflikte bzw. von Beziehungsproblemen.

Auf der gesellschaftlichen Ebene hat die Zunahme von Impotenz zweifellos ihre Ursache in der Entwertung von Männlichkeit. Dass wir – wie ich ganz am Anfang meines Buches geschrieben habe – in unserer Gesellschaft kein selbstverständliches Verhältnis zu erigierten Penissen haben, hat damit zu tun, dass erigierte Penisse in unserer Gesellschaft wirklich ihre Selbstverständlichkeit verloren haben – im direkten, wie im übertragenen Sinn.

Selbstbewusste Männlichkeit

Auch jenseits von Sexualität ist Manneskraft wichtig, gerade in ihrer Unterscheidung zu weiblicher Kraft und weiblichem Willen. Der bereits angesprochene Schöpferwille, die Neugier und das Verstehenwollen der Welt sind zentrale Ausdrucksformen von Männlichkeit. Und noch einmal: Selbstverständlich können und wollen auch Frauen schöpferisch tätig sein. Wenn ich Schöpferkraft als Bestandteil männlicher Identität bezeichne, geht es mir zum einen darum, einen unmittelbaren Bezug zum männlichen Körper herzustellen. Zum anderen möchte ich aufzeigen, wie ein gesellschaftliches Selbstverständnis von guter Männlichkeit aussehen könnte. Auf dieser Basis erst lässt sich ein authentisches Miteinander von Frauen und Männern gestalten.

Dass es hierbei keinesfalls um Fragen des «Dürfens» und «Könnens» geht, sollte deutlich geworden sein. Vielmehr geht es um das «Wollen», um die Motivation, um die eigene Lebenshaltung. Es scheint mir zunehmend absurd zu sein, wie unter ideologischen Gesichtspunkten Gleichmacherei unter den Geschlechtern betrieben wird. Dabei werden die Widerstände, die Mädchen und Jungen, Frauen und Männer durch ihr faktisches Verhalten zum Ausdruck bringen, nicht reflektiert oder als traditionelles Verhalten abgetan.

Mittlerweile bestätigt auch die Hirnforschung, dass es deutliche Differenzen zwischen den Geschlechtern gibt, die nicht nur die Anatomie, sondern auch die daraus abgeleiteten Verhaltensweisen betreffen.[30] Dabei wurde die Erkenntnis gewonnen, dass es vor allem um die Motivation geht, das eine lieber zu tun und das andere lieber zu lassen.

Dass sich das Berufsspektrum von Mädchen und von Jungen trotz aller Programme, die vor allem Mädchen für die sogenannten MINT-Fächer (MINT = Mathematik, Informatik, Naturwissenschaften, Technik) begeistern sollen, kaum verändert, sollte endlich dazu führen, geschlechtsspezifische Lebensentwürfe gelassener zu betrachten. Es geht um Gleichberechtigung, nicht um Gleichmacherei.

5.
Mann selbst

Und ich habe keine Zeit mehr, im Spalier herumzustehn
Und im Refrain ein bisschen mitzusingen
Und all den Bescheidwissern hinterherzugehn
Und jeden Tag nach meiner Wurst zu springen

Und ich habe keine Zeit mehr, ich stell mich nicht mehr an
In den langen Warteschlangen, wo man sich verkaufen kann
Und ich habe keine Zeit mehr, ich nehm den Handschuh auf
Ich laufe um mein Leben und gegen den Lebenslauf
(aus dem Lied «Keine Zeit mehr» von Gerhard Gundermann[31])

Position beziehen ohne Streit

Eigenständige Männlichkeit ist durch zwei Merkmale gekennzeichnet:
1. Klärung der eigenen Position *für sich*.
2. Offensives Vertreten dieser Position gegenüber anderen, ohne dabei in den Krieg zu ziehen.

Für jeden Mann ist es notwendig, sich diese Haltung immer aufs Neue zu erarbeiten. Dass es dabei zu einer Vielzahl individueller Ausprägungen des Mannseins kommt, ist einleuchtend. Denn zum einen bringt jeder seine unverwechselbare Persönlichkeit ein, zum anderen ist die Entwicklung des eigenen Mannseins als ein nie abzuschließender Prozess zu verstehen.

5. Mann selbst

Infolgedessen gibt es auch unterschiedliche Stufen und Akzentsetzungen. Das Finden der eigenen Position ist eben immer auch an den eigenen Entwicklungsstand geknüpft.

In diesem Sinne beschreibt Mannsein keinen statischen Zustand, sondern ist ein Prozess. Allerdings unterliegt dieser Prozess keiner Beliebigkeit. Es geht darum, die Fremdbestimmung, die Externalität, die das Leben vieler Männer kennzeichnet, abzubauen und ein immer stärker selbstbestimmtes Leben zu verwirklichen. Dies kann nur durch die Auseinandersetzung mit der eigenen frühen Sozialisation und auf Basis der eigenen, biologisch fundierten Grundlagen männlichen Empfindens gelingen.

Was für den Einzelnen gilt, gilt auch für die Stellung der Männer in der Gesellschaft. Auch hier gilt es, eigene Positionen zu entwickeln und diese offensiv zu vertreten. Das soll keinesfalls den Geschlechterkampf anheizen, sondern es geht im Gegenteil um den spezifischen Beitrag, den Männer für die Entwicklung eines besseren Miteinanders leisten können. Wie das gehen kann, soll zunächst noch einmal ein «privates» Beispiel zeigen:

Aus einer Beratung:
Mann: Ich weiß nicht so recht, wie ich mit dem Geld umgehen soll. Meine Partnerin bekommt jetzt kein Elterngeld mehr. Wir haben uns aber geeinigt, dass sie auf jeden Fall noch ein Jahr mit unserem Kind zu Hause bleibt. Ich bin also jetzt der Alleinverdiener. Wir hatten schon letztes Jahr ein gemeinsames Konto eingerichtet, auf welches das gemeinsame Geld kommt. Aber irgendwie gestaltet sich das jetzt schwierig. Auf der einen Seite gibt meine Frau ganz wenig Geld aus. Sie kauft nicht gern ein, das mache meistens ich. Aber dann hat sie auch schon von ihrer EC-Karte die PIN verloren. Als sie eine neue bekommen hat, hat sie die PIN auch wieder schnell verloren. Ich weiß nicht so recht, was da los ist. Andererseits

> tue ich mich auch schwer mit dem Geld. Ich erwische mich, dass ich meine Partnerin übers Geld kontrollieren will. Das ist zwar irgendwie sinnlos, weil sie ohnehin kaum Geld ausgibt. Aber ich werde sauer, weil es doch mein Geld ist. Ich möchte also gern mehr Klarheit darüber gewinnen, wie es mit dem Geld zwischen uns ist ...
> Und dann habe ich noch ein Problem. Ich habe immer mal Schwierigkeiten, offen für unser Kind zu sein. Wenn ich von der Arbeit komme, empfängt mich meine Frau und möchte, dass ich ihr das Kind abnehme. Sie ist schon völlig fertig. Ich bin aber selbst auch oft k. o. und möchte mich nicht gleich mit dem Kind beschäftigen. Manchmal habe ich richtig Lust, mich um unser Kind zu kümmern. Ich möchte ja auch ein aufmerksamer Vater sein. Aber dann gibt es eben auch Situationen, in denen ich überhaupt nichts mit dem Kind zu tun haben will.

An diesem Beispiel wird sehr gut deutlich, wie schnell ein Paar in einen Partnerschaftskonflikt geraten kann. Der Streit könnte über das Geld und über die Kinderbetreuung ausbrechen – neben der Sexualität sind das die Klassiker für Beziehungskonflikte schlechthin. So hat der Mann Schwierigkeiten, die Kontrolle über das Geld aufzugeben. Dabei scheint er gar keinen Grund zu haben, seiner Frau Geldverschwendung vorzuwerfen. Doch er kann diese Haltung schwer aufgeben. Der Grund ist – wie sich innerhalb der Beratung herausstellte – ein in der Kindheit gewachsenes Misstrauen, dass er ausgenutzt wird. Sein erster Schritt muss demnach darin bestehen, die Ursachen für sein Misstrauen zu erkennen und es, so gut es geht, abzulegen. Dazu kann eine Therapie, eine Beratung oder eine Männergruppe beitragen.

Doch sobald er von dem unbegründeten Kontrollwunsch seiner Frau gegenüber ablässt, wird plötzlich deutlich, dass sein Misstrauen auch eine gewisse Berechtigung hat. Nur eben

5. Mann selbst

nicht in der Weise, wie er befürchtete. Seine Partnerin nutzt ihn nicht aus, indem sie zu viel Geld ausgibt, sondern indem sie die Verantwortung für die Versorgung an ihn abgibt (er erledigt faktisch alle Einkäufe) und dies damit bekräftigt, dass sie ihre PIN verliert und somit das Geld real aus der Hand gibt. Wir stoßen hier auf das interessante und in Partnerschaften oft anzutreffende Phänomen, dass oft genau das passiert, was am meisten befürchtet wird – zumeist jedoch über einen Weg, den beide vorher so nicht im Blick hatten.

Ist das klar geworden, wird auch der Zusammenhang des Geldthemas mit dem der Kinderbetreuung deutlich. Er besteht darin, dass beide Partner nur begrenzte innerseelische Kapazitäten haben, für andere da zu sein und sie zu versorgen. Es entsteht eine Art Wettkampf, wer das Kind an den anderen abgeben darf. Und natürlich hat unser Mann, der als «moderner Mann» sich fest vorgenommen hat, ein guter, aufmerksamer und vor allem präsenter Vater zu sein und Kindererziehung und Haushalt gleichberechtigt mit der Partnerin zu bewältigen, kaum eine Chance, diesen Wettkampf zu gewinnen. Schon weil er täglich so viel Zeit auf seine Berufstätigkeit verwendet und infolgedessen der Familie fern ist, spürt er, wenn er nach Hause kommt, die Verpflichtung, die Frau zu entlasten. Dass ihn das oft an seine Grenzen bringt, macht ihm ein schlechtes Gewissen. Und dies hat ihn auch eine Beratung aufsuchen lassen.

Was aber heißt in diesem Beispiel Position beziehen? Es geht um klare Absprachen, denen eine nüchterne Situationsanalyse vorangehen muss. Das Problem ist ja nicht, dass es Schwierigkeiten gibt, die beide jeweils auf ihre Weise einbringen. Das Problem sind auch nicht die Grenzen, die sie haben. Das Problem ist die Hoffnung, es werde sich schon irgendwie regeln, mit anderen Worten die Erwartung, dass die beiderseitige Liebe die Schwierigkeiten schon löst. Durch die Erwartung der einfachen Lösung ohne Absprache aber wird gerade das Miteinander verhindert. Die Gefahr besteht, dass beide in ihrer jeweils eigenen Not nicht mehr zueinanderkommen.

Bleiben wir beim Mann: Hat er einmal sein in der Kindheit entstandenes Misstrauen erkannt und sieht seine gegenwärtige Situation nun realistischer, muss er das Miteinander in der Partnerschaft zur Sprache bringen. Dort liegt einiges im Argen, wie vor allem die Themen Geld und Kinderbetreuung zeigen. Dabei geht es nicht um Schuldzuweisung. Denn das, was er als Ausgenutztwerden empfindet, ist für seine Partnerin wiederum der Umgang mit der eigenen Not, die ihren Ursprung in ihrer Sozialisation hat. Deshalb ist es wichtig, dass die Situation offengelegt wird. Nur so können beide bewusst damit umgehen. Das Ergebnis kann dann beispielsweise sein, dass die Frau weiterhin möglichst nichts mit dem Einkaufen oder ähnlichem zu tun haben will. Nur vertritt sie diesen Wunsch jetzt offen und wäre im Gegenzug auch bereit, andere wichtige Aufgaben zu übernehmen. Mithin bräuchte sie nun nicht mehr ihre PIN zu verlieren, um sich aus der Affäre zu ziehen. Sie könnte eine für sie sichere Position einnehmen, die ihr vielleicht allmählich neue Wege in ihrer Haltung zum Geld und zu dem Wunsch, versorgt zu werden, eröffnen.

Natürlich setzt dies voraus, dass die beiden auch andere Bereiche ihrer partnerschaftlichen Aufgaben in den Blick nehmen. So muss beispielsweise die Kinderbetreuung in das «Gesamtpaket» einbezogen werden. Hier ist es besonders wichtig, dass sich beide ihre Grenzen nicht wechselseitig vorwerfen. Sie müssen sehen, was sie jeweils leisten können und was dann nicht mehr geht. Vielleicht haben sie sich mit dem Arrangement, dass die Frau noch ein Jahr zu Hause bleibt, bereits

5. Mann selbst

überfordert. Denn natürlich ist es für Kinder gut, nicht vor drei Jahren in eine Betreuungseinrichtung zu müssen. Wenn die Eltern jedoch überfordert sind, bringt das den Kindern auch nichts. Ein Problem der politischen Kinderbetreuungsdiskussion und den Bestrebungen, für möglichst viele Kinder unter drei Jahren einen Betreuungsplatz zur Verfügung zu stellen, ist, dass dabei so getan wird, als würde es sich um eine Maßnahme zum Besten der Kinder und nicht aus Gründen der elterlichen Begrenzung handeln.

Der Weg zum partnerschaftlichen Miteinander führt also zwangsläufig über gemeinsames Aushandeln. Dabei müssen die eigenen Positionen vertreten werden, ohne in die irrige Meinung zu verfallen, dass der jeweils andere an den eigenen Schwierigkeiten schuld sei. Dies setzt voraus, dass beide Seiten ihre eigenen Anteile am Entstehen der Situation erkennen und dafür die Verantwortung übernehmen. Erst auf der Grundlage eines solchen Aushandlungsprozesses kann dann ein wirkliches Miteinander entstehen.

Doch was heißt diese Einsicht, die aus der privaten Paardynamik gewonnen wurde, für das gesellschaftliche Miteinander von Frauen und Männern? Und wie können sich Männer auch gesellschaftlich positionieren, sodass der Geschlechterdialog auf eine neue, bessere Grundlage gestellt wird?

Öffentlich Position beziehen

Der alles entscheidende Punkt ist der konsequente Verzicht auf Schuldzuweisungen. An dieser Stelle ist die Parallele zwischen der gesellschaftlichen und der privaten Geschlechterdynamik eindeutig: Solange behauptet wird, die eine Seite wäre für

Öffentlich Position beziehen

die Probleme verantwortlich, sie müsse sich erst einmal ändern, so lange kann es zu keinem echten Miteinander kommen.

In unserer gesellschaftlichen Situation wird jedoch genau das getan. Vor allem die Männer sollen sich endlich ändern, damit es besser wird. Nach dieser Meinung kann sich das Geschlechterverhältnis erst dann bessern, wenn Männer mehr von ihrer Macht abgeben und sich stärker als bisher dem Haushalt und den Kindern zuwenden. Geschlechterdynamisch gesehen können diese Forderungen allerdings nicht zu dem Erhofften führen, im Gegenteil. Sie tragen nur zu einer weiteren Verhärtung des Gegeneinanders bei. Denn die Probleme werden verkürzt und tendenziös dargestellt und die Verantwortung der Frauen für die Situation wird weitgehend negiert.

Doch auch die Reaktionen, die sich in den letzten Jahren auf Seiten der Männer entwickelten, sind nicht dazu angetan, das Miteinander zu befördern. Auch sie verfestigen eher den Konflikt. Die einen versäumen, selbst Position zu beziehen. In den Paarberatungen ist das regelmäßig die Situation, in der die Männer erkennen, dass wirklich einiges in der Partnerschaft schief läuft. Sie sind dann aber sehr schnell bereit, alle Schuld auf sich zu nehmen und versprechen Besserung. Diese wollen sie vor allem dadurch erreichen, dass sie nun noch aufmerksamer sind und sich noch mehr anstrengen. Doch so einfach geht das eben nicht – weder für den Mann, noch für die Frau.

Die andere Reaktion von Männern auf die Forderungen von Frauen, sie sollten sich endlich ändern, ist die Gegenaggression. Nun werden all die Punkte zur Sprache gebracht, die für eine gesellschaftliche Benachteiligung der Männer sorgen.

Das ist natürlich ein deutlicher Fortschritt. Denn jetzt werden die Themen umfassender und gerechter dargestellt und der Geschlechterkampf wird offensichtlicher. Aber auch das führt

5. Mann selbst

letztlich zu keinem Dialog, sondern wieder nur zu Schuldzuweisungen, jetzt jedoch in Richtung der Frauen. In dieser Logik stehen Frauen und Männer einander gegenüber, werfen sich gegenseitig Vorwürfe an den Kopf und verlangen, dass sich erst einmal die andere Seite ändern solle, ehe es besser werden kann.

Natürlich ist es in einer Partnerschaft wie auch auf der gesellschaftlichen Ebene schwer, aus diesen Schuldzuweisungen herauszukommen. Von dem Gefühl der Ungerechtigkeit, von der Empfindung, dass die eigene Not keine wirkliche Beachtung findet, können die meisten Menschen nur schwer absehen. Auch hier spielt die tiefe Erfahrung von Ungerechtigkeit aus der frühen Kindheit eine Rolle. Und doch führt an dieser Distanzierung kein Weg vorbei, wenn wirkliches Miteinander das Ziel ist. Aus diesem Grund müssen es Männer lernen, gesellschaftlich Position zu beziehen, ohne dabei Schuldzuweisungen vorzunehmen. Denn egal, wie problematisch manches für Männer in unserer Gesellschaft ist: Sie haben selbst daran mitgewirkt, dass es so wurde.

Gerade weil der Kampf des Feminismus sich mittlerweile derart verselbständigt hat, dass es für viele engagierte Frauen nur noch schwer möglich ist, von dieser Denkweise abzusehen, sind – nach meiner Einschätzung – Männer in einer etwas besseren Position und sollten sich dieser Verantwortung stellen. Sie besteht darin, dass sie gesellschaftlich verunsicherter sind und dass sich alte Verhaltensmuster, aber auch die vermeintlich neuen als untauglich erwiesen haben, ein selbstbestimmtes Leben zu gestalten und ein besseres Miteinander mit den Frauen zu realisieren. Die Chance der Männer liegt darin, zu lernen, öffentlich Position zu beziehen, ohne einen Krieg der Geschlechter anzuzetteln. Der Schlüssel hierfür liegt in der eigenen, kritischen Auseinandersetzung mit sich selbst.

Dies bedeutet in der gegenwärtigen Situation zuallererst, eine öffentliche Debatte um eine männliche Identität in unserer Gesellschaft zu führen. Es geht darum, ein eigenes, von Männern positiv empfundenes Selbstverständnis zu erarbeiten. Und positiv heißt keinesfalls, weiterhin auf falsche Stärken zu setzen, also die eigene Not und Schwäche zu verleugnen und stattdessen narzisstische Größenphantasien zu pflegen. Frauen machen Männern diesen Fehler zurzeit häufig im medialen Bereich vor, wenn Lebensentwürfe und Lebensläufe schon deswegen für gut und toll befunden werden, weil es sich dabei um Frauen handelt. Unter Männern sind solche Größenphantasien vor allem im Bereich der Wirtschaft zu finden. Daher ist es auch kein Wunder, dass Manager zu gesellschaftlichen Feindbildern geworden sind. Es scheint mir weniger der Neid, als vielmehr die spürbare Aufgeblasenheit zu sein, die Unwillen erzeugt.

Männer müssen lernen, auch zueinander kritisch zu sein – aber um der Sache willen. Männer verdienen es genauso wenig wie Frauen, allein wegen ihres Geschlechts diskriminiert zu werden. Aber zugleich ist es eben auch wichtig, falsche Vorstellungen von Stärke und Schwäche zu benennen. Der Schlüssel zur Erkenntnis echter Stärke und Schwäche liegt in der Frage, wie stark die jeweiligen Vorstellungen in den Männern selbst verankert sind, in ihrer Körperlichkeit und in ihren daraus resultierenden sozialen Aufgaben. Die Debatte sollte also «Körperwissenschaften» wie Medizin und Anthropologie mit den Sozialwissenschaften verbinden. Zudem müssen Erfahrungen männlicher Praxis einbezogen werden. Nur in einer solchen konzertierten Aktion lässt sich eine kritische Auseinandersetzung darum führen, was männliche Identität in unserer Gesellschaft sein kann.

5. Mann selbst

Lasst uns Männer also erst einmal uns selbst verstehen! Das ist der Weg, den ich vorschlage.

Mit den Beschreibungen des vorangegangenen Kapitels habe ich begonnen, Grundlagen männlicher Identität zu bestimmen. Diese Diskussion muss fortgesetzt und auf zahlreiche gesellschaftliche Bereiche bezogen werden. Dies beginnt bei Themen wie Partnerschaft, Vaterschaft und Hausarbeit, bei denen stärker als bisher männliche Positionen in die öffentliche Diskussion einzubringen sind. Die unklaren Vorstellungen väterlicher Aufgaben, die verkürzten Vorstellungen von dem, was Hausarbeit bedeutet, und die tiefer liegenden Ursachen von Partnerschaftsproblemen habe ich angesprochen.

Aber auch Felder wie Politik und Wirtschaft sind unbedingt in die Männlichkeitsdebatte einzubeziehen. Welche politische Gestaltungskraft, welche wirtschaftliche und wissenschaftliche Schöpferkraft brauchen wir? Es kann dabei weder um fortwährendes Wachstum, noch um Profitoptimierung um jeden Preis gehen. In der Finanzkrise der letzten Jahre wurde das Ausmaß der Entfremdung deutlich, mit der Manager und Finanzjongleure agieren. Zu Recht mahnten gerade Familienbetriebe eine unmittelbare Verantwortung an, die Manager von großen Konzernen und Banken so nie haben können.

Anders gesagt, geht es darum, was Männer wirklich brauchen, um sich beruflich verwirklichen zu können. Was ist an Vergütung, aber was ist auch an beruflichem Glück notwendig? Nicht nur unter Managern, auch unter den «normalen» Arbeitern und Angestellten ist immer noch die Einstellung verbreitet, es gehe um Zufriedenheit durch die Befriedigung anderer als der eigenen Ansprüche. Eine Männlichkeitsdebatte müsste auf dieser Grundlage zu einer Debatte um eine Neustrukturierung des Wirtschaftssystems und von Arbeit in der Gesellschaft werden. Aber das führt an dieser Stelle zweifellos zu weit.

Eines der wesentlichsten Merkmale der derzeitigen Geschlechterdebatte ist die defensive Grundhaltung, mit der Männer auftreten. Einmal abgesehen davon, dass vergleichsweise wenige Männer einen Kampf gegen vermeintliche oder auch reale Benachteiligungen führen, zeichnen sich Männer vor allem dadurch aus, dass sie in öffentlichen Diskussionen sehr schnell bereit sind, den entschieden argumentierenden Frauen recht zu geben. Als zentrales Ergebnis einer weite Teile der Gesellschaft umfassenden Männlichkeitsdebatte sollte daher eine offensivere männliche Haltung stehen. Selbstbewusst die eigene Position zu vertreten, ohne sich auf Streitereien einzulassen, ist sicher ein schwierig zu erreichendes Ziel. Aber ohne eine selbstbewusste Männlichkeit kommen wir im gesellschaftlichen Geschlechterdialog nicht weiter.

Knockin' on Heaven's Door

Doch so wichtig die gesellschaftliche Debatte um eine positive männliche Identität ist, so wenig glaube ich hier an einen schnellen Erfolg. Zu sehr sind die Positionen innerhalb der Geschlechterdebatte festgefahren. Nichtsdestotrotz müssen wir ein öffentliches Ringen um eine positive männliche Identität beginnen.

Aber was macht der einzelne Mann bis dahin? Kann er darauf warten, bis sich endlich die Gesellschaft ändert, damit es ihm leichter fällt, ebenfalls Position zu beziehen? Die Antwort darauf gibt das Beispiel des Lehrmeisters: Wenn er darauf wartet, bis sich seine Situation so verändert, dass er endlich einmal

5. Mann selbst

männlich auftreten kann, wird er diesen Schritt vermutlich nie machen.

Die Entscheidung, die zu treffen war, konnte er deshalb nicht von der Veränderung der Situation abhängig machen. Die Gefahr, in der er stand, war, entweder seine Ideale zu verraten und zu resignieren oder einen guten Weg zu gehen, der ihm seine Selbstbestimmung beließ, auch wenn dieser Weg hart erschien und ihm die Entscheidung dafür schwerfallen mochte. Aber der Lehrmeister hatte in seiner Situation keine wirkliche Wahl.

Wenn in Paarberatungen die Partner sich gegenseitig immer wieder Vorhaltungen machen und weiterhin an der Meinung festhalten, erst wenn der andere sich ändere, gebe es die Chance für eine Besserung des eigenen Lebens, dann versuche ich, den Ernst der Lage durch ein Gleichnis zu verdeutlichen: «Stellen Sie sich vor, Sie klopfen am Ende Ihres Lebens an die Himmelspforte und Gott macht auf und fragt Sie: ‹Wie war denn Ihr Leben?› Und Sie antworten: ‹Es hätte schön sein können, wenn nur meine Frau (oder mein Mann) mitgemacht hätte.› Dann wird doch deutlich, dass nicht der andere, sondern Sie Ihr Leben nicht so gelebt haben, wie Sie es sich wünschten.» Dann wird den Beteiligten in der Regel klar, dass solche Ausflüchte nicht zählen. Sein Leben verantwortet letztlich jeder selbst.

Es gibt natürlich widrige oder bessere Umstände. Manchmal sind wir in unseren Möglichkeiten sehr stark eingeschränkt und können uns nicht so frei verwirklichen, wie wir es uns wünschen würden. Nicht nur gesellschaftliche Bedingungen können dem entgegenstehen. Auch hinsichtlich der beschriebenen Kränkungen, Entwertungen, Vernachlässigungen und Missbräuchen in der frühen Kindheitsentwicklung gibt keine

Gerechtigkeit. Aber es gibt eben auch keinen anderen Weg, als aus dem Gegebenen das Beste zu machen. Deshalb zählt am Ende nicht das Ergebnis, sondern der Weg.

Für uns Männer gilt es daher den eigenen Weg zu gehen. Er besteht darin, im Alltag wie im Grundsätzlichen die eigene Position zu finden und diese dann offen zu vertreten. Wichtig dabei ist, dass es sich um eine *eigene* Position handelt und dass das Vertreten der eigenen Position nicht in einen Krieg führt. Dies schließt Auseinandersetzungen keinesfalls aus. Aber es geht dann nicht «gegen den anderen», sondern «um mich». Und wenn Männer das tun, wenn sie beginnen, die Verantwortung für das eigene Leben selbstbewusst wahrzunehmen, dann wird sich auch das gesellschaftliche Geschlechterverhältnis nach und nach bessern. Das ist meine Vision.

Aus einer Männergruppe:
Erster Mann: ... Da habe ich gemerkt, dass ich so vieles nicht gemacht habe. Ich habe immer geträumt, mal auf einem Schiff über den Atlantik zu segeln. Das kann ich mir jetzt, mit Mitte Fünfzig und mit meinem Bauch abschminken. Das tut schon auch weh.
Andererseits lerne ich aber, dass ich mir so etwas nicht völlig abschminken muss. Ich bin mit meinen beiden Söhnen über den Greifswalder Bodden gesegelt. Das war schon gut. Da gab es jemanden, der segeln und den man mitsamt seinem Segelboot mieten konnte. Das war klasse. Aber natürlich war ich dabei eben der Vater. Ich merke, dass mir immer Freunde gefehlt haben, mit denen ich so etwas machen konnte.
Zweiter Mann: Das kenne ich gut. Ich wollte immer schon auf der Elbe mit einem Boot nach Hamburg fahren. In der DDR gab es so ein geflügeltes Wort: «Lieber als mit dem Kreuzfahrtschiff ‹Völkerfreundschaft› nach Cuba, will ich mit einem Schlauchboot die Elbe nach Hamburg fahren.» Das hat sich in mir festgesetzt. Das wollte ich immer machen.

Und nach der Wende wäre es ja möglich gewesen. Aber letztlich gab es niemanden, der mal an die Tür geklopft hat und mit dem ich das machen konnte.

Leiter: Und mit dieser Haltung sollte nun Schluss sein.

Dank

Ich möchte den Menschen danken, ohne die ich dieses Buch so nicht hätte schreiben können:

Zuallererst und vor allem meinem Lehrer und Freund Hans-Joachim Maaz. Seine Vaterkraft hat mir meinen Weg in ein eigenständiges Mannsein eröffnet.

Mit Hans-Jörg Klemm, Thomas Koch, Ekbert Kretzschmar und Frank Stechbarth verbindet mich unser jahrelanges Miteinander in der Arbeitsgruppe «Männliche Identität» des Choriner Instituts für Tiefenpsychologie und psychosoziale Prävention. Ihre Freundschaft hilft mir in meinem Leben.

Ich danke auch meinen Mitstreitern im Vorstand der Deutschen Gesellschaft für Mann und Gesundheit, in der Stiftung Männergesundheit und im bundesweiten Netzwerk Männergesundheit für unser unermüdliches Eintreten für eine bessere gesellschaftliche Wahrnehmung von Männergesundheit.

Und ohne Frauen gäbe es dieses Männerbuch nicht:

Mit meiner Frau Sabine Stiehler vereint mich das Ringen um eine gute Partnerschaft. Mit ihr begreife ich ganz alltäglich und praktisch, dass es liebevolles Miteinander geben kann.

Stellvertretend für die Frauen des Choriner Instituts danke ich Ulrike Gedeon, die in ihrer Unbeirrbarkeit und Zugewandtheit die Vision bezogener Eigenständigkeit zwischen Frauen und Männern in beeindruckender Klarheit vertritt.

Und ich danke allen Männern und Frauen aus Gruppen, Workshops und Beratungen, die durch ihre Offenheit und ihr manchmal schmerzhaftes Bemühen um ihren eigenen Weg auch mein Leben und mein Verstehen bereichert haben. Sie sprechen durch die zahlreichen Beispiele dieses Buches.

Anmerkungen

1 Gerhardt, Uta: Soziologische Erklärungen gesundheitlicher Ungleichheit. Probleme der theoretischen Rekonstruktion empirischer Befunde. In: Gesellschaft und Gesundheit. Begründung der Medizinsoziologie. Frankfurt am Main: Suhrkamp 1991, S. 205.
2 http://www.familien-managerin.de/media/upload/files/vorwerk-familienstudie-2008.pdf, Stand: 9. 2. 2009.
3 http://www.dieg.org/mgb/pdf/Antwort_BMG.pdf, Stand: 9. 2. 2009.
4 http://www.bmfsfj.de/bmfsfj/generator/BMFSFJ/Service/Publikationen/publikationen,did=20560.html, Stand: 9. 2. 2009.
5 http://www.bmfsfj.de/bmfsfj/generator/BMFSFJ/gleichstellung,did=73072.html, Stand: 9. 2. 2009.
6 Connell Raewyn (Robert): Der gemachte Mann. Konstruktion und Krise von Männlichkeiten. Wiesbaden: Verlag für Sozialwissenschaften 2006, 3. Auflage.
7 Bourdieu, Pierre: Die männliche Herrschaft. Frankfurt am Main: Suhrkamp 2006, 4. Auflage.
8 Döge, Peter/Volz, Rainer: Männer – weder Paschas noch Nestflüchter. Aspekte der Zeitverwendung von Männern nach den Daten der Zeitbudgetstudie 2001/2002 des Statistischen Bundesamtes. In: Aus Politik und Zeitgeschichte B46 2004, S. 13–23.
9 Stiehler, Matthias: Männer in Partnerschaft. In: Stiehler, Matthias/Klotz, Theodor (Hrsg.): Männerleben und Gesundheit. Eine interdisziplinäre, multiprofessionelle Einführung. Weinheim: Juventa 2007, S. 123–137.
10 Beck, Volker: Einführung in das Fachgespräch der Grünen Bundestagsfraktion «Not am Mann? Defizite und Chancen bei der Gesundheitsversorgung von Männern» am 23. 5. 2008. http://www.gruene-bundestag.de/cms/publikationen/dok/254/254806.reader_not_am_mann_defizite_und_chancen.pdf, Stand: 22. 2. 2009.
11 Meuser, Michael: Männerwelten. Zur kollektiven Konstruktion hegemonialer Männlichkeit. Vortrag auf der Ersten Tagung des interdisziplinären Arbeitskreises für Männer- und Geschlechterforschung,

Anmerkungen

1.–3. 2. 2001 in Stuttgart. http://www.ruendal.de/aim/pdfs/Meuser.pdf, Stand: 22. 2. 2009.
12 http://www.dissens.de/de/press/spiegel070 114.php, Stand:13. 2.2009.
13 Luy, Marc: Warum Frauen länger leben. Erkenntnisse aus einem Vergleich von Kloster- und Allgemeinbevölkerung. Bundesinstitut für Bevölkerungsforschung. Materialien zur Bevölkerungswissenschaft. Heft 106/2002.
14 Klaus Renft Combo: Als ich wie ein Vogel war. Text entnommen: Gerulf Pannach: Texte. Berlin: Schwarzkopf & Schwarzkopf Verlag 1999, S. 82.
15 Wikipedia-Artikel «Wissenschaftliche Männerforschung». http://de.wikipedia.org/wiki/Wissenschaftliche_Maennerforschung, Stand: 5. 2. 2009.
16 Schnarch, David: Die leidenschaftliche Ehe. Die Rolle der Liebe in der Paartherapie. In: Willi, J./Limacher, B. (Hrsg.): Wenn die Liebe schwindet. Stuttgart: Klett-Cotta 2005, S. 190.
17 Marius Müller Westernhagen: Kind von gestern. In: Radio Maria (Musik-CD). Musikverlag Wea (Warner) 1998.
18 Roth, Gerhard: Fühlen, Denken, Handeln. Frankfurt am Main: Suhrkamp 2007, 4. Auflage.
19 Maaz, Hans-Joachim: Der Lilith-Komplex. Die dunklen Seiten der Mütterlichkeit. München: Verlag C.H.Beck 2003.
20 Maaz, Hans-Joachim: Die Liebesfalle. Spielregeln für eine neue Beziehungskultur. München: Verlag C.H.Beck 2007.
21 Maaz, Hans-Joachim: Die Liebesfalle. Spielregeln für eine neue Beziehungskultur. München: Verlag C.H.Beck 2007, S. 31 ff.
22 Mahler, Margaret/Gosliner, Bertram: On Symbiotic Child Psychosis: Genetic, Dynamic and Restitutiv Aspects. Psychoanal Study Child 10 1955. S. 195–212.
23 Maaz, Hans-Joachim: Die Liebesfalle. Spielregeln für eine neue Beziehungskultur. München: Verlag C.H.Beck 2007, S. 38 ff.
24 Stiehler, Matthias: Der frühe Vater – Vaterschwäche und Vaterabwesenheit. In: Blickpunkt Der Mann 2/2006, 30–35.
25 Klitzing, Kai von: Frühe Entwicklung im Längsschnitt: Von der Beziehungswelt der Eltern zur Vorstellungswelt des Kindes. In: Psyche – Z Psychoanal 56 2002, S. 871.
26 Stiehler, Sabine: Alleinerziehende Väter. Sozialisation und Lebensführung. Weinheim: Juventa Verlag 2000.

Anmerkungen

27 Klitzing, Kai von: Frühe Entwicklung im Längsschnitt: Von der Beziehungswelt der Eltern zur Vorstellungswelt des Kindes. In: Psyche – Z Psychoanal 56 2002. S. 863–887.
28 Chodorov, Nancy: Das Erbe der Mütter. Psychoanalyse und Soziologie der Geschlechter. München: Verlag Frauenoffensive 1984.
29 Rohr, Richard: Der wilde Mann. Geistliche Reden zur Männerbefreiung. München: Claudius Verlag 1986.
30 Baron-Cohen, Simon: Vom ersten Tag anders. Das weibliche und das männliche Gehirn. Düsseldorf: Walter-Verlag 2004.
31 Gundermann, Gerhard: Keine Zeit mehr. In: Frühstück für immer (Musik-CD). BuschFunk Musikverlag 1997.

Modernes Leben und Psychologie bei C.H.Beck

Hans-Joachim Maaz
Die Liebesfalle
Spielregeln für eine neue Beziehungskultur
4. Auflage. 2009. 239 Seiten. Broschiert

Hans-Joachim Maaz
Die neue Lustschule
Sexualität und Beziehungskultur
2009. 240 Seiten. Broschiert

Hans-Joachim Maaz
Der Gefühlsstau
Psychogramm einer Gesellschaft
2010. 272 Seiten. Paperback
(Beck'sche Reihe Band 1821)

Rolf Haubl
Neidisch sind immer nur die anderen
Über die Unfähigkeit, zufrieden zu sein
2009. 327 Seiten mit 13 Abbildungen. Paperback
(Beck'sche Reihe 1925)

Julia Onken
Vatermänner
Ein Bericht über die Vater-Tochter-Beziehung
und ihren Einfluß auf die Partnerschaft
5. Auflage. 2006. 205 Seiten. Paperback
(Beck'sche Reihe Band 1037)

Dirk Revenstorf
Wenn das Glück zum Unglück wird
Psychologie der Paarbeziehung
1999. 160 Seiten mit 7 Abbildungen. Paperback
(Beck'sche Reihe Band 1333)

Verlag C.H.Beck